1000
कंप्यूटर-इंटरनेट प्रश्नोत्तरी

इस श्रृंखला की पुस्तकें

★ 1000 जीव-जंतु प्रश्नोत्तरी
★ 1000 हिंदी साहित्य प्रश्नोत्तरी
★ 1000 कंप्यूटर-इंटरनेट प्रश्नोत्तरी
★ 1000 खेल-कूद प्रश्नोत्तरी
★ 1000 गणित प्रश्नोत्तरी
★ 1000 विज्ञान प्रश्नोत्तरी
★ 1000 खगोल विज्ञान प्रश्नोत्तरी
★ 1000 पर्यावरण प्रश्नोत्तरी
★ 1000 वास्तुशास्त्र प्रश्नोत्तरी
★ 1000 रामायण प्रश्नोत्तरी
★ 1000 महाभारत प्रश्नोत्तरी
★ 1000 राजनीति प्रश्नोत्तरी
★ 1000 सामान्य ज्ञान प्रश्नोत्तरी
★ 1000 इतिहास प्रश्नोत्तरी
★ 1000 भूगोल प्रश्नोत्तरी
★ 1000 स्वाधीनता संग्राम प्रश्नोत्तरी
★ 1000 अर्थशास्त्र प्रश्नोत्तरी
★ 1000 फिल्म प्रश्नोत्तरी
★ स्वास्थ्य प्रश्नोत्तरी
★ डायबिटीज प्रश्नोत्तरी

1000
कंप्यूटर-इंटरनेट प्रश्नोत्तरी

विनय भूषण

www.prabhatbooks.com

प्रकाशक

प्रभात पेपरबैक्स

4/19 आसफ अली रोड, नई दिल्ली–110002

फोन : 23289555 • 23289666 • 23289777 ❖ फैक्स : 23253233

इ–मेल : prabhatbooks@gmail.com ❖ वेब ठिकाना : www.prabhatbooks.com

संस्करण

2018

मूल्य

एक सौ पचास रुपए

अ.मा.पु.स. 978-81-7315-491-1

मुद्रक

नरुला प्रिंटर्स, दिल्ली

1000 COMPUTER-INTERNET PRASHNOTTARI

(1000 Computer-Internet Quiz)

by Vinoy Bhushan

Published by **PRABHAT PAPERBACKS**

4/19 Asaf Ali Road, New Delhi-10002

ISBN 978-81-7315-491-1

₹ 150.00

अपनी बात

यह बात अकसर छिपी रह जाती है कि दूसरे विश्व युद्ध के दबाव की वजह से उन दिनों शोध कार्य में तेजी आई थी। इसी तेजी के दौर में अमेरिका के सुरक्षात्मक प्रयास यानी दुश्मन का ठीक-ठीक लक्ष्य कर उसे मार गिराने के प्रयास के दौरान ही 15 फरवरी, 1946 को एनियाक नामक कंप्यूटर दुनिया के सामने पहली बार आया था। तब से लेकर आज तक हमारी जिंदगी में कंप्यूटर की दखल बढ़ती ही जा रही है। उसके आकर्षण से क्या बच्चे, क्या बड़े—कोई नहीं बच पा रहा है। हिसाब लगाना हो या गाने सुनना हो, गप करना हो या शोध करना हो, सबके लिए बाँहें फैलाए रहता है कंप्यूटर।

जीवन के किसी भी काम को कर पाना एक अकेले इनसान के वश का नहीं है तो फिर इस पुस्तक का सारा श्रेय मेरा कैसे हो सकता है ? किताब लिख पाऊँगा, ऐसी उम्मीद नहीं थी। चूँकि समाचार-पत्रों के लिए लिखने का काम करता था, प्रसिद्ध विज्ञान लेखक श्री दिलीप एम. सालवी की लगातार हौसला आफजाई की वजह से यह पुस्तक लिखने की शुरुआत हो सकी। अपने मित्र फिरोज और उपेंद्र के प्रति आभार व्यक्त करना चाहता हूँ, जिन्होंने लगातार टेलीफोन कर-करके मुझ पर लेखन के लिए दबाव बनाए रखा। चुन्नू, मनोज, बबलू, बाबू, मंटू और ममता के प्रति सामग्री संकलन में मदद के लिए आभार व्यक्त करता हूँ।

—**विनय भूषण**

अनुक्रम

1

कंप्यूटर का आविष्कार

1. सूचना तकनीक का सबसे महत्त्वपूर्ण घटक क्या है ?

   (अ) टेलीविजन (ब) टेलीफोन

   (स) टेलीप्रिंटर (द) कंप्यूटर

2. कंप्यूटर के आविष्कार का मौलिक उद्‌देश्य क्या था ?

   (अ) तेज गणना करनेवाली मशीन का निर्माण

   (ब) मौसम की जानकारी देनेवाली मशीन का निर्माण

   (स) रेल आरक्षण के लिए टिकट बनानेवाली मशीन का निर्माण

   (द) चोर पकड़नेवाली मशीन का निर्माण

3. गणना करनेवाला सबसे पुराना उपकरण किसे माना जाता है ?

   (अ) कंप्यूटर (ब) नेपियर्स बोन

   (स) एबैकस (द) कैलकुलेटर

4. गणना का आविष्कार किस देश में हुआ था ?

   (अ) भारत (ब) चीन

   (स) पाकिस्तान (द) नेपाल

5. गणना किस सदी का आविष्कार है ?

   (अ) पाँचवीं सदी (ब) बीसवीं सदी

   (स) सोलहवीं सदी (द) ईसा पूर्व 450

6. गणना का उपयोग किस काम के लिए होता था ?

   (अ) गुणा करने के लिए (ब) भाग देने के लिए

   (स) वर्गमूल निकालने के लिए

   (द) जोड़ने-घटाने और किसी संख्या को बताने के लिए

7. गणना उपकरण किस आकार का होता था ?

उत्तर के लिए कृपया पृष्ठ सं. 153 देखें।

(अ) वर्गाकार लकड़ी का फ्रेम
(ब) वृत्ताकार लकड़ी का फ्रेम
(स) त्रिभुजाकार लकड़ी का फ्रेम
(द) आयताकार लकड़ी का फ्रेम

8. एबैकस किस काम को कर पाने में असक्षम था?
(अ) जोड़ना (ब) घटाना
(स) गुणा और भाग देना (द) महत्तम निकालना

9. नेपियर्स बोन भी गणना करनेवाले पुराने उपकरणों में से एक माना जाता है। इसके आविष्कारक का नाम बताएँ।
(अ) सर जॉन नेपियर (ब) सर जोसफ नेपियर
(स) सर जैक नेपियर (द) सर जूडस नेपियर

10. नेपियर्स बोन का आविष्कार कब हुआ?
(अ) 1600 ई. (ब) 1614 ई.
(स) 1617 ई. (द) 1620 ई.

11. एबैकस की तुलना में नेपियर्स बोन कौन-कौन से काम अधिक कर सकता था?
(अ) गुणा करना और भाग देना (ब) गुणा करना और जोड़ना
(स) जोड़ना और घटाना (द) जोड़ना और भाग देना

12. सर जॉन नेपियर क्या थे?
(अ) गणितज्ञ (ब) रसायनज्ञ
(स) भौतिकीविद् (द) जीव विज्ञानी

13. नेपियर्स बोन क्या था?
(अ) तराशी गई अस्थियों से बने ग्यारह आयताकार छड़ों का एक सेट
(ब) तराशी गई अस्थियों से बने बारह आयताकार छड़ों का एक सेट
(स) तराशी गई अस्थियों से बने तेरह आयताकार छड़ों का एक सेट
(द) तराशी गई लकड़ियों से बने ग्यारह आयताकार छड़ों का एक सेट

14. प्रथम यांत्रिक गणना मशीन कब निर्मित हुई?
(अ) 1642 ई. (ब) 1542 ई.
(स) 1742 ई. (द) 1842 ई.

उत्तर के लिए कृपया पृष्ठ सं. 153 देखें।

15. प्रथम यांत्रिक गणना मशीन किसने निर्मित की ?

(अ) ब्लेज पास्कल
(ब) ग्लेज पास्कल
(स) स्वेज पास्कल
(द) ब्लेजर पास्कल

16. पास्कल ने यांत्रिक गणना मशीन का निर्माण क्यों किया था ?

(अ) टैक्स के काम में पिता की मदद के लिए
(ब) व्यापार में मदद के लिए
(स) धन कमाने के लिए
(द) छोटी मशीन बनाने के लिए

17. 'अरिथमेटिकल रेप्लिका' नामक गणक मशीन का आविष्कार किसने किया ?

(अ) जर्मन गणितज्ञ गॉटफ्रीड लीबनित्ज
(ब) जर्मन साहित्यकार गुंटर ग्रास
(स) जर्मन दार्शनिक कार्ल मार्क्स
(द) जर्मन नाटककार बर्टोल्ट ब्रेख्त

18. अरिथमेटिकल रेप्लिका गणक मशीन का आविष्कार कब हुआ था ?

(अ) 1671 ई.
(ब) 1771 ई.
(स) 1871 ई.
(द) 1971 ई.

19. वस्त्रों पर मुश्किल डिजाइन और पैटर्न उतारने हेतु करघों में प्रत्येक धागे को स्वत: नियंत्रित करने के लिए प्रथम पंच कार्ड सिस्टम बनानेवाले फ्रांसीसी का क्या नाम था ?

(अ) जोसफ जेकुआर्ड
(ब) जोसफ स्टालिन
(स) जोसफ हेनरी
(द) जोसफ मार्क

20. प्रथम मेकैनिकल कंप्यूटर, जिसने आधुनिक कंप्यूटर की नींव डाली, क्या था ?

(अ) स्टीम इंजन
(ब) एनालिटिकल इंजन
(स) तेल इंजन
(द) बिजली इंजन

21. एनालिटिकल इंजन का आविष्कार किसने किया ?

(अ) ब्लेज पास्कल
(ब) चार्ल्स बैबेज
(स) जॉन नेपियर
(द) गॉटफ्रीड

उत्तर के लिए कृपया पृष्ठ सं. 153 देखें।

22. चार्ल्स बैबेज ने एनालिटिकल इंजन का आविष्कार कब किया था?
(अ) 1833 ई. (ब) 1733 ई.
(स) 1933 ई. (द) 1633 ई.

23. सन् 1822 में बैबेज ने किस इंजन का आविष्कार किया था?
(अ) डिफरेंस इंजन (ब) एनालिटिकल इंजन
(स) मेकैनिकल इंजन (द) सोलर इंजन

24. 'कंप्यूटर का पिता' किसे कहा जाता है?
(अ) चार्ल्स बैबेज (ब) हॉलरिथ
(स) जेकुआर्ड (द) बिल गेट्स

25. एनालिटिकल इंजन एक मिनट में कितनी गणना करने में सक्षम था?
(अ) 60 (ब) 80
(स) 100 (द) 120

26. एनालिटिकल इंजन किन पाँच अंगों से मिलकर बना था?
(अ) स्टोर, अरिथमेटिक यूनिट, कंट्रोल यूनिट, इनपुट डिवाइस, आउटपुट डिवाइस
(ब) स्टोर, ज्योमेट्रिक यूनिट, कंट्रोल यूनिट, इनपुट डिवाइस, आउटपुट डिवाइस
(स) डिस्प्ले, मॉनिटर, चिप्स, प्रोसेसर, ट्रांजिस्टर
(द) स्टोर, कंट्रोल यूनिट, मॉनिटर, डिस्प्ले, चिप्स

27. चार्ल्स बैबेज द्वारा निर्मित एनालिटिकल इंजन किस किस्म का कंप्यूटर था?
(अ) इलेक्ट्रिकल (ब) मेकैनिकल
(स) इलेक्ट्रॉनिक (द) टेक्नीकल

28. प्रथम पंच कार्ड मशीन कब निर्मित हुई?
(अ) 1820 ई. (ब) 1720 ई.
(स) 1620 ई. (द) 1825 ई.

29. इलेक्ट्रो मेकैनिकल पंच्ड कार्ड इक्विपमेंट का निर्माण किसने किया?
(अ) जोसफ जैकुआर्ड (ब) डॉ. हरमन होलरिथ
(स) ब्लेज पास्कल (द) नेपियर

उत्तर के लिए कृपया पृष्ठ सं. 153 देखें।

30. इलेक्ट्रो मेकैनिकल पंच्ड कार्ड इक्विपमेंट कब निर्मित हुआ ?

(अ) 1887 ई. (ब) 1787 ई.

(स) 1687 ई. (द) 1587 ई.

31. डॉ. होलरिथ ने अपनी मशीन में सुधार कर एक नया उपकरण बनाया था, उसका क्या नाम था ?

(अ) पंच मशीन (ब) सिलाई मशीन

(स) कटाई मशीन (द) सेंसस मशीन

32. सेंसस मशीन कब निर्मित हुई ?

(अ) 1890 ई. (ब) 1891 ई.

(स) 1892 ई. (द) 1894 ई.

33. कंप्यूटर के इतिहास में विश्व का प्रथम प्रोग्रामर किसे माना जाता है ?

(अ) लेडी एडा लवलेस (ब) लेडी चैटर्ली

(स) लेडी फिंगर (द) लेडी जेम्स

उत्तर के लिए कृपया पृष्ठ सं. 153 देखें।

2

कंप्यूटर की पीढ़ियाँ

34. प्रथम विद्युत् कंप्यूटर का क्या नाम था?

    (अ) मार्क-I (ब) पायनियर-I

    (स) एप्पल-I (द) इंटेल-I

35. मार्क-I के निर्माता का क्या नाम था?

    (अ) होवार्ड ऐकेन (ब) होवार्ड एंड

    (स) जेम्स वाट (द) जेम्स जेटकिन

36. मार्क-I आकार में कितना लंबा था?

    (अ) 15 मीटर (ब) 25 मीटर

    (स) 35 मीटर (द) 45 मीटर

37. मार्क-I नामक कंप्यूटर दरअसल क्या था?

    (अ) रोबोट (ब) इंजिन

    (स) ऑटोमैटिक सिक्वेंस कंट्रोल्ड कैलकुलेटर

    (द) डिजिटल डायरी

38. और यह किस किस्म का कंप्यूटर था?

    (अ) अर्द्धचालित (ब) पूर्णत: स्वचालित

    (स) हस्त चालित (द) इनमें से कोई नहीं

39. कंप्यूटर में लगे पुरजों के आधार पर उन्हें कितनी पीढ़ियों में बाँट सकते हैं?

    (अ) 4 (ब) 5

    (स) 6 (द) 7

40. प्रारंभिक दिनों में कंप्यूटर में ट्रांजिस्टर की जगह क्या इस्तेमाल होता था?

    (अ) वैक्यूम ट्यूब (ब) आई. सी.

उत्तर के लिए कृपया पृष्ठ सं. 153 देखें।

(स) ट्यूब (द) मरकरी

41. कालांतर में वैक्यूम ट्यूब या वाल्व की जगह किसने ली?
(अ) आई. सी. (ब) ट्रांजिस्टर
(स) डिकोडर (द) रिसीवर

42. वाल्व लगे हुए कंप्यूटर किस पीढ़ी के हैं?
(अ) पहली (ब) दूसरी
(स) तीसरी (द) चौथी

43. ट्रांजिस्टर लगे हुए कंप्यूटर किस पीढ़ी के हैं?
(अ) पहली (ब) दूसरी
(स) तीसरी (द) चौथी

44. इंटिग्रेटिड सर्किट वाले कंप्यूटर किस पीढ़ी के हैं?
(अ) पहली (ब) दूसरी
(स) तीसरी (द) चौथी

45. माइक्रो प्रोसेसर वाले कंप्यूटर किस पीढ़ी के हैं?
(अ) दूसरी (ब) तीसरी
(स) चौथी (द) पाँचवीं

46. कृत्रिम बुद्धि वाले कंप्यूटर किस पीढ़ी के होंगे?
(अ) दूसरी (ब) तीसरी
(स) चौथी (द) इनमें से कोई नहीं

47. पहली पीढ़ी के कंप्यूटर—
(अ) आकार में छोटे और चाल में धीमे थे
(ब) आकार में बड़े और चाल में तेज थे
(स) आकार में छोटे और चाल में तेज थे
(द) आकार में बड़े और चाल में धीमे थे

48. पहली पीढ़ी के पहले कंप्यूटर का क्या नाम था?
(अ) E N I A C (इलेक्ट्रॉनिक न्यूमेरिकल इंटिग्रेटर एंड कैलकुलेटर)
(ब) आर्यभट
(स) कॉस्मॉस (द) रोवर्स

49. पहली पीढ़ी के पहले कंप्यूटर को किसने बनाया था?

उत्तर के लिए कृपया पृष्ठ सं. 153 व 154 देखें।

(अ) फूरिए बंधु (ब) साइमन बंधु
(स) जे.पी. इकर्ट और जे.डब्ल्यू. मॉकली
(द) फिशर और जेनी

50. E N I A C कब निर्मित हुआ था?
(अ) 1950 ई. (ब) 1946 ई.
(स) 1947 ई. (द) 1948 ई.

51. E N I A C कम-से-कम कितने बड़े कमरे में रखा जाता था?
(अ) 50 × 50 फीट (ब) 50 × 100 फीट
(स) 50 × 10 फीट (द) 50 × 40 फीट

52. E N I A C का मुख्य पुरजा क्या था?
(अ) मॉनिटर (ब) प्रिंटर
(स) डिकोडर (द) वाल्व

53. E N I A C को चलाने में बिजली की कितनी खपत होती थी?
(अ) 150 किलोवाट प्रति घंटा (ब) 155 किलोवाट प्रति घंटा
(स) 160 किलोवाट प्रति घंटा (द) 170 किलोवाट प्रति घंटा

54. E N I A C की गणना की रफ्तार क्या थी?
(अ) 5000 जोड़ प्रति सेकंड (ब) 6000 जोड़ प्रति सेकंड
(स) 5500 जोड़ प्रति सेकंड (द) 5600 जोड़ प्रति सेकंड

55. दूसरी पीढ़ी के कंप्यूटरों का काल क्या है?
(अ) सन् 1946-58 (ब) सन् 1959-64
(स) सन् 1965-70 (द) सन् 1971-85

56. दूसरी पीढ़ी के कंप्यूटर का मुख्य पुरजा क्या था?
(अ) ट्रांजिस्टर (ब) वाल्व
(स) आई.सी. (द) प्रोसेसर

57. ट्रांजिस्टर का आकार :
(अ) वैक्यूम ट्यूब का 1/1200वाँ हिस्सा
(ब) वैक्यूम ट्यूब का 1/1000वाँ हिस्सा
(स) वैक्यूम ट्यूब का 1/500वाँ हिस्सा
(द) वैक्यूम ट्यूब का 1/1100वाँ हिस्सा

उत्तर के लिए कृपया पृष्ठ सं. 154 देखें।

58. ट्रांजिस्टर क्या है ?

(अ) सेमीकंडक्टर (अर्धचालक) (ब) गुड कंडक्टर

(स) बैड कंडक्टर (द) सैड कंडक्टर

59. ट्रांजिस्टर किस चीज का बना होता है ?

(अ) जस्ता (ब) ताँबा

(स) सोना (द) सिलिकन या जर्मेनियम

60. ट्रांजिस्टर का मुख्य काम क्या है ?

(अ) गाना सुनाना (ब) खुशबू फैलाना

(स) दो टर्मिनल के बीच धारा के प्रवाह को नियंत्रित करना

(द) इनमें से कोई नहीं

61. तीसरी पीढ़ी के कंप्यूटरों का काल क्या है ?

(अ) सन् 1946-58 (ब) सन् 1959-64

(स) सन् 1965-70 (द) सन् 1971-85

62. पहली पीढ़ी के कंप्यूटरों का काल क्या है ?

(अ) सन् 1946-58 (ब) सन् 1959-64

(स) सन् 1965-70 (द) सन् 1971-85

63. तीसरी पीढ़ी के कंप्यूटरों का मुख्य पुरजा क्या था ?

(अ) वाल्व (ब) ट्रांजिस्टर

(स) इंटिग्रेटिड सर्किट (द) माइक्रो प्रोसेसर

64. तीसरी पीढ़ी के कंप्यूटरों में पहली बार किसका इस्तेमाल हुआ ?

(अ) प्राइमरी मेमोरी (ब) सेकेंडरी मेमोरी

(स) कैश मेमोरी (द) टरशियरी मेमोरी

65. चौथी पीढ़ी के कंप्यूटरों का क्या काल है ?

(अ) सन् 1946-58 (ब) सन् 1959-64

(स) सन् 1965-70 (द) सन् 1971-85

66. चौथी पीढ़ी के कंप्यूटरों का मुख्य पुरजा क्या है ?

(अ) वाल्व (ब) ट्रांजिस्टर

(स) इंटिग्रेटिड सर्किट (द) माइक्रो प्रोसेसर

67. माइक्रोप्रोसेसर :

उत्तर के लिए कृपया पृष्ठ सं. 154 देखें।

(अ) एक ही चिप पर हजारों आई.सी. का एक समूह है

(ब) एक ही चिप पर सैकड़ों आई.सी. का एक समूह है

(स) एक ही चिप पर लाखों आई.सी. का एक समूह है

(द) एक ही चिप पर करोड़ों आई.सी. का एक समूह है

68. चौथी पीढ़ी के कंप्यूटरों की एक और विशेषता क्या थी?

(अ) डाटा बेस मैनेजमेंट सिस्टम

(ब) मानव संसाधन प्रबंधन व्यवस्था

(स) फाइल प्रबंधन (द) इनमें से कोई नहीं

69. नोट बुक, लैपटॉप और पॉमटॉप कंप्यूटर किस पीढ़ी के हैं?

(अ) दूसरी (ब) तीसरी

(स) चौथी (द) पाँचवीं

उत्तर के लिए कृपया पृष्ठ सं. 154 देखें।

3

डिजिटल कंप्यूटरों का वर्गीकरण

70. डिजिटल कंप्यूटरों को कितने वर्गों में बाँट सकते हैं ?
    (अ) एक (ब) दो
    (स) तीन (द) चार
71. डिजिटल कंप्यूटर के वर्गों के क्या नाम हैं ?
    (अ) माइक्रो कंप्यूटर, मिनि कंप्यूटर, मेनफ्रेम कंप्यूटर और सुपर कंप्यूटर
    (ब) मैक्रो कंप्यूटर, बिग कंप्यूटर, फ्रेमलेस कंप्यूटर और अपर कंप्यूटर
    (स) डिजिटल कंप्यूटर, स्माल कंप्यूटर, मेनफ्रेम कंप्यूटर और माइक्रो कंप्यूटर
    (द) मिनि कंप्यूटर, अपर कंप्यूटर, डिजिटल कंप्यूटर और फ्रेमलेस कंप्यूटर
72. माइक्रो कंप्यूटर को—
    (अ) पर्सनल कंप्यूटर भी कहते हैं
    (ब) सुपर कंप्यूटर भी कहते हैं
    (स) मेनफ्रेम कंप्यूटर भी कहते हैं (द) इनमें से कोई नहीं
73. माइक्रो कंप्यूटर के वर्गीकरण का क्या आधार है ?
    (अ) कंप्यूटर की कंप्यूटिंग शक्ति (ब) आकार
    (स) ध्वनि (द) कीमत
74. माइक्रो कंप्यूटर की इंटरनल मेमोरी कितनी होती है ?
    (अ) 256 KB (ब) 250 KB
    (स) 250 KB (द) 260 KB
75. माइक्रो कंप्यूटर का पूरा सर्किट—
    (अ) एक चिप पर होता है (ब) दो चिप पर होता है
    (स) तीन चिप पर होता है (द) चार चिप पर होता है

उत्तर के लिए कृपया पृष्ठ सं. 154 देखें।

76. माइक्रो कंप्यूटर चिप को—

(अ) कंप्यूटर-ऑन-ए-चिप भी कहते हैं

(ब) कंप्यूटर-ऑन-ए-शिप भी कहते हैं

(स) कंप्यूटर-ऑन-ह्वील भी कहते हैं

(द) इनमें से कोई नहीं

77. मिनि कंप्यूटर माइक्रो कंप्यूटर की तुलना में—

(अ) आकार में बड़ा और चाल में धीमा होता है

(ब) आकार में छोटा और चाल में धीमा होता है

(स) आकार में बड़ा और चाल में तेज होता है

(द) इनमें से कोई नहीं

78. मिनि कंप्यूटर को एक ही समय पर········से ज्यादा उपयोक्ता उपयोग कर सकते हैं ?

(अ) एक | (ब) दो

(स) तीन | (द) चार

79. माइक्रो कंप्यूटर का उपयोग एक समय पर········उपयोक्ता ही कर सकता है ?

(अ) एक | (ब) दो

(स) तीन | (द) चार

80. मेनफ्रेम कंप्यूटर मिनि कंप्यूटर की तुलना में········होते हैं।

(अ) अधिक भंडारण क्षमता और ज्यादा तेज रफ्तार वाले

(ब) कम भंडारण क्षमता और ज्यादा तेज रफ्तार वाले

(स) कम भंडारण क्षमता और कम रफ्तार वाले

(द) इनमें से कोई नहीं

81. मेनफ्रेम कंप्यूटर का उपयोग एक ही समय पर········उपयोक्ता कर सकते हैं।

(अ) पचास | (ब) सैकड़ों

(स) हजारों | (द) इनमें से कोई नहीं

82. आजकल इस्तेमाल हो रहे कंप्यूटर किस श्रेणी के हैं ?

(अ) एनालॉग | (ब) डिजिटल

उत्तर के लिए कृपया पृष्ठ सं. 154 देखें।

(स) मैनुअल (द) मेकैनिकल

83. संकेतों (सिग्नल) को इनपुट के रूप में प्रयोग करनेवाले कंप्यूटर क्या कहलाते हैं?

(अ) एनालॉग कंप्यूटर (ब) डिजिटल कंप्यूटर

(स) हाइब्रिड कंप्यूटर (द) इनमें से कोई नहीं

84. थर्मामीटर, स्पीडोमीटर आदि.........के उदाहरण हैं।

(अ) एनालॉग कंप्यूटर (ब) डिजिटल

(स) हाइब्रिड कंप्यूटर (द) इनमें से कोई नहीं

85. इनपुट के रूप में अंको (डिजिट) का प्रयोग करनेवाले कंप्यूटर क्या कहलाते हैं?

(अ) एनालॉग कंप्यूटर (ब) डिजिटल

(स) हाइब्रिड कंप्यूटर (द) इनमें से कोई नहीं

86. हाइब्रिड कंप्यूटर में इनपुट के रूप में किसका उपयोग होता है?

(अ) सिग्नल (संकेत) (ब) डिजिट (अंक)

(स) अल्फाबेट (अक्षर) (द) तीनों ही

87. कंप्यूटर में सिग्नल का क्या अर्थ होता है?

(अ) विद्युत् स्पंदन (इलेक्ट्रिकल पल्स) (ब) ध्वनि

(स) चित्र (द) इनमें से कोई नहीं

88. इनपुट के आधार पर कंप्यूटर कितने प्रकार के होते हैं?

(अ) एक (ब) दो

(स) तीन (द) चार

89. पर्सनल कंप्यूटर का आविष्कार कब हुआ था?

(अ) 12 अगस्त, 1981 (ब) 15 अगस्त, 1981

(स) 12 अगस्त, 1982 (द) 15 अगस्त, 1982

90. पहला पर्सनल कंप्यूटर किसने बनाया?

(अ) एप्पल (ब) माइक्रोसॉफ्ट

(स) कोरल (द) आई.बी.एम.

91. आई.बी.एम. किसका संक्षिप्त रूप है?

(अ) इंडियन बैलेस्टिक मिसाइल

उत्तर के लिए कृपया पृष्ठ सं. 154 देखें।

(ब) इंटरनेशनल बैलस्टिक मिसाइल

(स) इंडियन बिजनेस मशीन

(द) इंटरनेशनल बिजनेस मशीन

92. इंटिग्रेटिड सर्किट को·········भी कहते हैं।

(अ) चिप (ब) वाल्व

(स) ट्रांजिस्टर (द) मोडम

93. पहला चिप किसने बनाया था?

(अ) जे.एस. किल्बी (ब) जे.एस. वाट

(स) जे.एस. शास्त्री (द) जे.एस. रमन

94. पहला चिप कब बनाया गया था?

(अ) 1952 ई. (ब) 1954 ई.

(स) 1956 ई. (द) 1958 ई.

95. चिप क्या है?

(अ) एक घटक, जिस पर बड़ी मात्रा में इलेक्ट्रॉनिक परिपथ (सर्किट)बने होते हैं

(ब) एक पत्रिका

(स) आलू के वैफर (द) इनमें से कोई नहीं

96. कंप्यूटर की शक्ति किससे मापी जाती है?

(अ) रफ्तार और स्मरण शक्ति (मेमोरी)

(ब) आकार और वजन

(स) कीमत और वजन (द) इनमें से कोई नहीं

97. कंप्यूटर की शब्दावली में रफ्तार (स्पीड) का मतलब होता है—

(अ) प्रति सेकंड अधिकतम निर्देश का पालन

(ब) प्रति सेकंड न्यूनतम निर्देश का पालन

(स) प्रति घंटा अधिकतम निर्देश का पालन

(द) इनमें से कोई नहीं

98. इंटिग्रेटिड सर्किट किसे कहते हैं?

(अ) सिलिकन के एक सामान्य सेमीकंडक्टर चिप पर बने सूक्ष्म परिपथ को

उत्तर के लिए कृपया पृष्ठ सं. 154 देखें।

(ब) सिलिकन के एक टुकड़े को

(स) जर्मेनियम के एक टुकड़े को

(द) इनमें से कोई नहीं

99. किस कंप्यूटर में सूचना का निर्धारण 'ऑन' या 'ऑफ' की इलेक्ट्रॉनिक स्थिति से होता है?

(अ) एनालॉग कंप्यूटर
(ब) डिजिटल कंप्यूटर
(स) हाइब्रिड कंप्यूटर
(द) इनमें से कोई नहीं

उत्तर के लिए कृपया पृष्ठ सं. 155 देखें।

4

कंप्यूटर : एक परिचय

100. आंकिक और तार्किक पदों को अभिव्यक्त करनेवाली प्रक्रियाओं को नियंत्रित करने या गणना करनेवाले एक स्वचालित इलेक्ट्रॉनिक उपकरण को क्या कहते हैं ?

(अ) टेलीफोन (ब) टेलीविजन
(स) रेडियो (द) कंप्यूटर

101. कंप्यूटर का मौलिक काम क्या है ?

(अ) प्रोग्राम का कार्यान्वयन (एक्सक्यूशन)
(ब) छपाई करना
(स) गेम दिखाना (द) जोड़ना-घटाना

102. कंप्यूटिंग क्या है ?

(अ) कंप्यूटर की मदद से डाटा प्रोसेसिंग का काम
(ब) बिजली की मदद से कंप्यूटर चलाना
(स) कंप्यूटर करना (द) इनमें से कोई नहीं

103. एक निश्चित काम को पूरा करने के लिए दिए गए निर्देशों के सिलसिले को.........कहते हैं।

(अ) निर्देश (ब) आदेश
(स) प्रोग्राम (द) इनमें से कोई नहीं

104. आधुनिक डिजिटल कंप्यूटर में डाटा को किस गणितीय पद्धति के अंतर्गत दरशाया जाता है ?

(अ) दाशमिक प्रणाली (ब) बाइनरी
(स) तृतीयक (द) इनमें से कोई नहीं

105. किन दो संकेतों से डाटा को दरशाया जाता है ?

उत्तर के लिए कृपया पृष्ठ सं. 155 देखें।

(अ) 0 और 1 (ब) 1 और 2

(स) 2 और 3 (द) 3 और 4

106. 0 और 1 को.........या बिट कहते हैं।

(अ) दाशमिक अंक (ब) बाइनरी अंक

(स) गिनती के अंक (द) इनमें से कोई नहीं

107. बिट क्या है ?

(अ) कंप्यूटर की सबसे बड़ी इकाई

(ब) कंप्यूटर की सबसे छोटी इकाई

(स) कंप्यूटर की मझली इकाई (द) इनमें से कोई नहीं

108. एक कैरेक्टर को दरशाने के लिए कंप्यूटर कितने बिट का प्रयोग करता है ?

(अ) दो बिट (ब) चार बिट

(स) छह बिट (द) आठ बिट

109. मौजूदा समय में कंप्यूटर की स्टैंडर्ड इकाई क्या है ?

(अ) मेगाबाइट (ब) किलोबाइट

(स) गीगाबाइट (द) बाइट

110. कितने बिट मिलकर एक बाइट बनते हैं ?

(अ) दो (ब) चार

(स) छह (द) आठ

111. कंप्यूटरों में कैरेक्टरों को दरशानेवाला सबसे आम कोड क्या है ?

(अ) ASCII (ब) BCCI

(स) CCCP (द) A5CC

112. ASCII किसका संक्षिप्त रूप है ?

(अ) अमेरिकन स्टैंडर्ड कोड फॉर इन्फॉर्मेशन इंटरचेंज

(ब) एशियन स्टैंडर्ड कोड फॉर इन्फॉर्मेशन इंटरचेंज

(स) अफ्रीकन स्टैंडर्ड कोड फॉर इन्फॉर्मेशन इंटरचेंज

(द) ऑस्ट्रेलियन स्टैंडर्ड कोड फॉर इन्फॉर्मेशन इंटरचेंज

113. इन्फॉर्मेशन की उस यूनिट को क्या कहते हैं जिसे कंप्यूटर एक ही समय में संसाधित (प्रोसेस) और स्थानांतरित (ट्रांसफर) कर सकता है ?

उत्तर के लिए कृपया पृष्ठ सं. 155 देखें।

(अ) अक्षर (ब) वाक्य

(स) वर्ड (द) लेटर

114. आमतौर पर हम लोग 8 बिट, 16 बिट, 32 बिट या 64 बिट कंप्यूटर जैसे शब्द सुनते हैं। ये क्या बताते हैं ?

(अ) कंप्यूटर की वर्ड साइज (ब) कंप्यूटर की साइज

(स) कंप्यूटर का नंबर (द) कंप्यूटर का वजन

115. एक किलोबाइट कितने बाइट से मिलकर बनता है ?

(अ) 1024 बाइट (ब) 1125 बाइट

(स) 1200 बाइट (द) 1300 बाइट

116. एक मेगाबाइट क्या है ?

(अ) 1024 किलोबाइट × 1024 किलोबाइट

(ब) 1025 किलोबाइट × 1025 किलोबाइट

(स) 1000 किलोबाइट × 1000 किलोबाइट

(द) इनमें से कोई नहीं

117. एक गीगाबाइट कितने मेगाबाइट के बराबर होता है ?

(अ) 1024 (ब) 1025

(स) 1200 (द) 1000

118. कंप्यूटर डाटा और निर्देश उसकी मेमोरी में जमा होते हैं। इस मेमोरी स्पेस को मापने की इकाई क्या है ?

(अ) मीटर (ब) ग्राम

(स) बाइट (द) इनमें से कोई नहीं

119. आजकल के ज्यादातर कंप्यूटरों की डिजाइन 'वान न्यूमैन आर्किटेक्चर' पर आधारित होती है। वॉन न्यूमैन की प्रस्तावना थी कि 'आँकड़ों (डाटा) पर गणितीय और तार्किक प्रक्रिया (ऑपरेशन) के लिए एक यूनिट होनी चाहिए'। इस यूनिट को क्या नाम दिया गया ?

(अ) विडियो डिस्प्ले यूनिट (ब) साउंड यूनिट

(स) अरिथमेटिक लॉजिक यूनिट (A L U) (द) कंस्ट्रक्शन यूनिट

120. कंप्यूटर की शब्दावली में प्रत्येक निर्देश एक कोड होता है। इस कोड को एक निश्चित कंट्रोल सिग्नल में बदलनेवाली इकाई को क्या कहते हैं ?

उत्तर के लिए कृपया पृष्ठ सं. 155 देखें।

(अ) कंट्रोल यूनिट (C U) (ब) लॉजिक यूनिट
(स) प्रोग्राम यूनिट (द) ऑपरेशन यूनिट

121. A L U और C U को एक साथ क्या पुकारते हैं ?
(अ) सेंट्रल प्रोसेसिंग यूनिट (C P U) (ब) सेंट्रल पंप यूनिट
(स) सेंट्रल पीपुल्स यूनिट (द) इनमें से कोई नहीं

122. कंप्यूटर का नियंत्रण केंद्र किसे कहते हैं ?
(अ) सेंट्रल प्रोसेसिंग यूनिट (ब) मॉनिटर
(स) की-बोर्ड (द) प्रिंटर

123. एक C P U की क्षमता किसमें मापी जाती है ?
(अ) D P I (ब) P P I
(स) M I P S (द) इनमें से कोई नहीं

124. M I P S किसका संक्षिप्त रूप है ?
(अ) मिलियन इमेजेज पर सेकंड
(ब) मिलियन इंस्ट्रक्शंस पर सेकंड
(स) मोर इंस्ट्रक्शंस पर सेकंड (द) इनमें से कोई नहीं

125. C P U के जिस क्षेत्र में सभी गणितीय और तार्किक प्रक्रियाएँ संपन्न होते हैं उसे क्या कहते हैं ?
(अ) प्रोसेस जोन (ब) लॉजिक जोन
(स) रजिस्टर (द) कंट्रोल यूनिट

126. रजिस्टर्स दरअसल—
(अ) विशेष मेमोरी यूनिट हैं (ब) स्टोर्स हैं
(स) लॉजिक यूनिट हैं (द) इनमें से कोई नहीं

127. रजिस्टर का साइज जितना बड़ा होगा, प्रोसेसिंग स्पीड उतनी ही—
(अ) धीमी होगी (ब) तेज होगी
(स) जस-की-तस रहेगी (द) इनमें से कोई नहीं

128. इंटिग्रेटिड सर्किट तकनीक के अंतर्गत मीडियम स्केल इंटिग्रेशन (M S I) में एक चिप पर कितने गेट लगे होते हैं ?
(अ) पचास (ब) सैकड़ों
(स) हजारों (द) लाखों

उत्तर के लिए कृपया पृष्ठ सं. 155 देखें।

129. लार्ज स्केल इंटिग्रेशन में एक चिप पर कितने गेट लगे होते हैं ?

(अ) 1000 (ब) 2000

(स) 3000 (द) 4000

130. वेरी लार्ज स्केल इंटिग्रेशन (V L S I) में एक चिप पर कितने गेट लगे होते हैं ?

(अ) 100,000,000 (ब) 111,111,111

(स) 200,000,000 (द) इनमें से कोई नहीं

131. V L S I तकनीक का सबसे खास असर क्या पड़ा था ?

(अ) एक ही चिप पर संपूर्ण CPU या मेन मेमोरी का बनना संभव होना

(ब) एक ही चिप पर संपूर्ण CPU का नहीं बन सकना

(स) कंप्यूटर की कीमत महँगी होना

(द) इनमें से कोई नहीं

132. एक ही चिप पर सभी कंपोनेंट को रख पाने में इंटेल को कब सफलता मिली ?

(अ) 1968 ई. (ब) 1969 ई.

(स) 1970 ई. (द) 1971 ई.

133. एकल (सिंगल) चिप प्रोसेसर को········भी कहते हैं।

(अ) माइक्रो प्रोसेसर (ब) मैक्रो प्रोसेसर

(स) ट्रांजिस्टर (द) वाल्व

134. प्रथम माइक्रो प्रोसेसर कौन सा था ?

(अ) इंटेल 4004 (ब) इंटेल 4005

(स) इंटेल 100 (द) इंटेल 200

135. इंटेल 4004 पुराने ढंग का माइक्रो प्रोसेसर था। इसे खास मकसद से बनाया गया था। सन् 1974 में पहला आम इस्तेमाल वाला माइक्रो प्रोसेसर आया। वह कौन सा था ?

(अ) इंटेल 7070 (ब) इंटेल 5050

(स) इंटेल 6060 (द) इंटेल 8080

136. इंटेल 8080 कितने बिट का माइक्रो प्रोसेसर था ?

(अ) 2 (ब) 8

उत्तर के लिए कृपया पृष्ठ सं. 155 देखें।

(स) 12 (द) 16

137. इंटेल 80286 प्रोसेसर में कितने ट्रांजिस्टर लगे थे?

(अ) 100,000 (ब) 150,000

(स) 134,000 (द) 130,000

138. इंटेल 80286 प्रोसेसर का आविष्कार कब हुआ था?

(अ) 1980 ई. (ब) 1981 ई.

(स) 1982 ई. (द) 1983 ई.

139. 386 प्रोसेसर में कितने ट्रांजिस्टर लगे थे?

(अ) 134,000 (ब) 140,000

(स) 150,000 (द) 275,000

140. 386 प्रोसेसर कितने बिट का था?

(अ) 8 (ब) 16

(स) 24 (द) 32

141. 486 प्रोसेसर के आविष्कार की घोषणा इंटेल ने कब की?

(अ) जनवरी 1989 (ब) फरवरी 1989

(स) मार्च 1989 (द) अप्रैल 1989

142. पेंटियम प्रोसेसर कब आविष्कृत हुआ?

(अ) मार्च 1993 (ब) अप्रैल 1993

(स) मई 1993 (द) जून 1993

143. पेंटियम प्रोसेसर में कितने ट्रांजिस्टर लगे थे?

(अ) 31 लाख से ज्यादा (ब) 25 लाख

(स) 20 लाख (द) इनमें से कोई नहीं

144. 486 प्रोसेसर के मुकाबले पेंटियम कितना ताकतवर था?

(अ) दो गुना (ब) तीन गुना

(स) चार गुना (द) पाँच गुना

145. पेंटियम कितने बिट का माइक्रो प्रोसेसर था?

(अ) 8 (ब) 16

(स) 24 (द) 64

146. कोप्रोसेसर माइक्रो प्रोसेसर का सहायक होता है। कोप्रोसेसर की संज्ञा

उत्तर के लिए कृपया पृष्ठ सं. 155 देखें।

किसे दी गई है ?

(अ) मैथ कोप्रोसेसर या न्यूमेरिक कोप्रोसेसर

(ब) अल्फा न्यूमेरिक कोप्रोसेसर

(स) सहायक प्रोसेसर (द) इनमें से कोई नहीं

147. न्यूमेरिक कोप्रोसेसर एक चिप है जो सिर्फ .... कार्य के लिए डिजाइन किया गया है। यह कंप्यूटर की क्षमता को बढ़ाता है।

(अ) तार्किक (ब) गणितीय

(स) अतार्किक (द) दार्शनिक

148. कंप्यूटर एडेड डिजाइन (C A D), और 2D तथा 3D ग्राफिक्स बनाने में कौन सा प्रोसेसर मदद करता है ?

(अ) न्यूमेरिक कोप्रोसेसर (ब) अल्फा न्यूमेरिक कोप्रोसेसर

(स) बीटा कोप्रोसेसर (द) गामा कोप्रोसेसर

149. ALU में रहनेवाले रजिस्टर को क्या कहते हैं, जो गणितीय तार्किक क्रियाओं का परिणाम रखता है ?

(अ) स्टोरकीपर (ब) एकुमुलेटर

(स) भंडारपाल (द) एनिमेटर

150. स्टैक प्वाइंटर भी एक रजिस्टर है। इसका क्या काम है ?

(अ) स्टैक के पहले लोकेशन का पता रखना

(ब) स्टैक सजाना

(स) रजिस्टर भरना (द) इनमें से कोई नहीं

151. अगली बार पालन होनेवाले निर्देश का पता कौन सा रजिस्टर अपनी मेमोरी में रखता है ?

(अ) स्टैक प्वाइंटर (ब) प्रोग्राम काउंटर

(स) प्रोग्राम प्वाइंटर (द) स्टैक काउंटर

152. एक विशेष उद्देश्य के लिए लोकेशन की सिक्वेंस को क्या कहते हैं ?

(अ) स्टैक (ब) प्वाइंटर

(स) प्रोग्राम (द) काउंटर

153. अलग-अलग कंप्यूटरों में रजिस्टर की संख्या .... है।

(अ) घटती (ब) बढ़ती

उत्तर के लिए कृपया पृष्ठ सं. 155 देखें।

(स) बदलती (द) स्थिर रहती

154. विशेष परिमाण में डाटा संगृहीत करने में सक्षम········को रजिस्टर कहते हैं।

(अ) उपकरण (ब) वाल्व

(स) रेसिस्टैंस (द) स्टोरकीपर

155. कंप्यूटर में किसकी जरूरत डाटा और निर्देश के भंडारण (स्टोरेज) और जरूरत पड़ने पर निस्तारण (रिट्रीवल) के लिए पड़ती है?

(अ) कंट्रोल यूनिट (ब) मेमोरी

(स) प्रोग्रामर (द) कंडक्टर

156. मेमोरी एक ऐसा उपकरण है जो डाटा स्वीकार कर सकती है, उनको संगृहीत कर सकती है, और बाद में उसे प्रस्तुत भी कर सकती है। मेमोरी भी एक········

(अ) सेमीकंडक्टर डिवाइस है (ब) ट्रांसलेटर है

(स) ट्रांसमीटर है (द) इनमें से कोई नहीं

157. मेमोरी को और किस नाम से पुकारते हैं?

(अ) प्राइमरी स्टोरेज सेक्शन (ब) बाइनरी स्टोरेज सेक्शन

(स) टरशियरी स्टोरेज सेक्शन (द) इनमें से कोई नहीं

158. मेमोरी सेल क्या है?

(अ) मुख्य मेमोरी में भंडारण की आधारभूत इकाई है

(ब) एक कोशिका है।

(स) एक बैटरी है (द) इनमें से कोई नहीं

159. एक मेमोरी सेल में इन्फॉर्मेशन की कितनी मात्रा होती है?

(अ) 0 बिट (ब) 1 बिट

(स) 10 बिट (द) 100 बिट

160. ········तीव्र गति वाले रजिस्टरों के छोटे सेट से मिलकर बनते हैं जो प्रोसेसर के अंदर होते हैं।

(अ) इंटरनल प्रोसेसर मेमोरी (ब) एक्सटरनल प्रोसेसर मेमोरी

(स) हाई स्पीड मेमोरी (द) लो स्पीड मेमोरी

161. भौतिक रूप से मेमोरी कितने तरह की होती है?

उत्तर के लिए कृपया पृष्ठ सं. 155 व 156 देखें।

(अ) एक (ब) दो

(स) तीन (द) चार

162. प्राइमरी मेमोरी को········भी कहते हैं।

(अ) मेन मेमोरी (ब) कैश मेमोरी

(स) सेल मेमोरी (द) इनमें से कोई नहीं

163. प्राइमरी मेमोरी की स्पीड इंटरनल प्रोसेसर मेमोरी की तुलना में········होती है।

(अ) धीमी (ब) तेज

(स) एक समान (द) इनमें से कोई नहीं

164. जब कंप्यूटर ऑन रहता है तो प्राइमरी मेमोरी सभी निर्देशों को याद रखती है और जब कंप्यूटर ऑफ हो जाता है तो प्राइमरी मेमोरी से सभी निर्देश समाप्त हो जाते हैं। कंप्यूटर की भाषा में इसे क्या कहते हैं?

(अ) रैम (R A M) (ब) रॉम (R O M)

(स) सीडी रॉम (द) इनमें से कोई नहीं

165. R A M का पूर्ण रूप क्या है?

(अ) रैंडम एक्सेस मेमोरी (ब) रीड एंड मेमोरी

(स) रिपीड एक्सेस मेमोरी (द) इनमें से कोई नहीं

166. मेमोरी सेल को········भी कहते हैं।

(अ) मेमोरी लोकेशन (ब) मेमोरी साइट

(स) मेमोरी रूम (द) मेमोरी ब्लॉक

167. प्रत्येक मेमोरी लोकेशन का पता········होता है।

(अ) एक समान (ब) एक समान नहीं

(स) दोनों ही किस्म का (द) इनमें से कोई नहीं

168. मेमोरी क्षमता (कैपेसिटी) किसे कहते हैं?

(अ) मेन मेमोरी में संगृहीत की जा सकनेवाली सूचना की मात्रा को

(ब) मेमोरी की ताकत को

(स) मेमोरी के वजन को (द) इनमें से कोई नहीं

169. रैंडम एक्सेस मेमोरी के तहत मेमोरी के········हिस्से को लिखने या पढ़ने के लिए एक्सेस कर सकते हैं।

उत्तर के लिए कृपया पृष्ठ सं. 156 देखें।

(अ) किसी भी (ब) किसी खास
(स) छोटे (द) बड़े

170. रॉम (R O M) मुख्य मेमोरी का ही एक अन्य हिस्सा है। इसका पूर्ण रूप क्या है।
(अ) रीड ऑनली मेमोरी (ब) रिपीट ऑनली मेमोरी
(स) रिट्रीट ऑनली मेमोरी (द) रेट ऑफ मेमोरी

171. रीड ऑन मेमोरी सिर्फ.........जा सकते हैं।
(अ) पढ़े (ब) पढ़े और लिखे दोनों ही
(स) न पढ़े और न ही लिखे (द) याद किए

172. रीड ऑन मेमोरी कब लिखे जा सकते हैं?
(अ) सिर्फ कंप्यूटर निर्माण के समय (ब) कभी भी
(स) बिजली रहने पर (द) कभी नहीं

173. P R O M का पूर्ण रूप क्या है?
(अ) प्रोग्रामेबल रॉम (ब) प्रेजेंटबल रॉम
(स) पॉसिबल रॉम (द) प्रीपरेबल रॉम

174. प्रोग्रामेबल रॉम कब लिखे जा सकते हैं?
(अ) सिर्फ कंप्यूटर निर्माण के समय (ब) किसी भी समय
(स) बिजली रहने पर (द) कभी नहीं

175. क्या प्रॉम्स (P R O Ms) एक बार लिखे जाने पर बदले जा सकते हैं?
(अ) हाँ (ब) नहीं

176. E P R O Ms का पूर्ण रूप क्या है? इसके अंतर्गत लिखने के साथ-साथ मिटाना भी संभव है?
(अ) इरेजेबल प्रॉम्स (ब) इन्लार्ज्ड प्रॉम्स
(स) इरेक्टेबल प्रॉम्स (द) इंडैन्जर्ड प्रॉम्स

177. E E P R O Ms का पूर्ण रूप क्या है?
(अ) इलेक्ट्रिकली इरेजेबल प्रॉम्स
(ब) इंफैटिकली इरेजेबल प्रॉम्स
(स) दोनों (द) इनमें से कोई नहीं

178. कुछ मेमोरी एक अंतराल के बाद अपनी याददाश्त खो देते हैं। इन्हें

उत्तर के लिए कृपया पृष्ठ सं. 156 देखें।

यादाश्त बनाए रखने के लिए ताजगी (रिफ्रेशिंग) की जरूरत होती है। ऐसी मेमोरी को क्या कहते हैं ?

(अ) स्टैटिक मेमोरीज (ब) डायनामिक मेमोरीज

(स) कुछ नहीं (द) दोनों

179. जिस मेमोरी को रिफ्रेशिंग की जरूरत नहीं पड़ती है उसे क्या कहते हैं ?

(अ) स्टैटिक मेमोरीज (ब) डायनामिक

(स) कुछ नहीं (द) दोनों

180. बिजली के बाधित होने पर गुम होनेवाली मेमोरी क्या कहलाती है ?

(अ) वोलाटाइल मेमोरी (ब) नॉन वोलाटाइल मेमोरी

(स) रैंडम मेमोरी (द) रीड मेमोरी

181. बिजली के बाधित होने पर भी गुम होने वाली मेमोरी क्या कहलाती है ?

(अ) नॉन वोलाटाइल मेमोरी (ब) वोलाटाइल मेमोरी

(स) राइट मेमोरी (द) परफेक्ट मेमोरी

182. सेमीकंडक्टर मेमोरी कैसी होती है ?

(अ) वोलाटाइल (ब) नॉनवोलाटाइल

(स) दोनों (द) दोनों में से कोई नहीं

183. मैग्नेटिक मेमोरी कैसी होती है ?

(अ) वोलाटाइल (ब) नॉनवोलाटाइल

(स) दोनों (द) कोई नहीं

184. सेमीकंडक्टर मेमोरी का एक्सेस मोड क्या है ?

(अ) डायरेक्ट (सीधा) (ब) सांयोगिक (रैंडम)

(स) सिलसिलेवार (सिक्वेंसियल) (द) अप्रत्यक्ष (इनडाइरेक्ट)

185. मैग्नेटिक डिस्क की मेमोरी का एक्सेस मोड क्या है ?

(अ) डाइरेक्ट (ब) इनडाइरेक्ट

(स) रैंडम (द) सिक्वेंसियल

186. मैग्नेटिक टेप की मेमोरी का एक्सेस मोड क्या है ?

(अ) इनडाइरेक्ट (ब) सिक्वेंसियल

(स) रैंडम (द) डाइरेक्ट

187. सेमीकंडक्टर मेमोरीज का स्टोरेज मीडियम क्या है ?

उत्तर के लिए कृपया पृष्ठ सं. 156 देखें।

(अ) मैग्नेटिक (ब) इलेक्ट्रॉनिक

(स) ऑप्टिकल (द) कोई नहीं

188. मैग्नेटिक डिस्क का स्टोरेज मीडियम क्या है ?

(अ) मैग्नेटिक (ब) इलेक्ट्रॉनिक

(स) ऑप्टिकल (द) मेकैनिकल

189. कॉम्पैक्ट डिस्क रॉम का स्टोरेज मीडियम क्या है ?

(अ) मैग्नेटिक (ब) इलेक्ट्रॉनिक

(स) ऑप्टिकल (द) मेकैनिकल

190. सेकेंडरी मेमोरी क्या करता है ?

(अ) सिस्टम प्रोग्राम और डाटा फाइल संग्रह करता है

(ब) कैलकुलेटर का काम करता है ?

(स) मेन मेमोरी का बचा-खुचा काम करता है

(द) कुछ नहीं करता है

191. क्या एक प्रोसेसर से सेकेंडरी मेमोरी सीधे एक्सेस किए जा सकते हैं ?

(अ) हाँ (ब) नहीं

(स) कभी हाँ, कभी ना

192. सेकेंडरी मेमोरी साइज में मेन मेमोरी से बहुत बड़ा होता है; परंतु उसकी रफ्तार कैसी होती है ?

(अ) तेज (ब) बहुत तेज

(स) धीमी (द) एक जैसी

193. एक्सेस टाइम (Access Time) क्या है ?

(अ) पहुँचने का समय (ब) प्रारंभिक समय

(स) निर्देश देने के बाद से लेकर निर्देश के पूरा होने के बीच लगा समय

(द) निर्देश देने का समय

194. सेमीकंडक्टर मेमोरीज का एक्सेस टाइम कितना होता है ?

(अ) 10^{-2} सेकंड (ब) 10^{-4} सेकंड

(स) 10^{-6} सेकंड (द) 10^{-8} सेकंड

195. मदरबोर्ड में जिस स्थान पर रैम चिप लगाते हैं, उस स्थान को क्या कहते हैं ?

उत्तर के लिए कृपया पृष्ठ सं. 156 देखें।

(अ) बैंक (ब) स्टोर

(स) मेमोरी बैंक (द) मेमोरी स्टोर

196. मेमोरी का जो हिस्सा डॉस द्वारा आरक्षित किया जाता है उसे क्या कहते हैं?

(अ) बेस मेमोरी (ब) शैडो मेमोरी

(स) रीड मेमोरी (द) रिजर्व मेमोरी

197. बेस मेमोरी के अलावा बची हुई मेमोरी क्या कहलाती है?

(अ) एक्सपर्ट मेमोरी (ब) इलेक्ट्रॉनिक मेमोरी

(स) एक्सटेंडेड मेमोरी (द) डाइरेक्ट मेमोरी

उत्तर के लिए कृपया पृष्ठ सं. 156 देखें।

5

सेकेंडरी मेमोरी

198. सेकेंडरी मेमोरी नॉन वोलाटाइल होती है। यह स्थायी तौर पर डाटा स्टोर करने में सक्षम हो सकती है और जरूरत पड़ने पर डाटा सप्लाई कर सकती है, इसलिए इसे.........भी कहा जाता है।
   (अ) प्राइमरी स्टोरेज मीडिया (ब) स्टोरेज मीडिया सेंटर
   (स) सेकेंडरी स्टोरेज मीडिया (द) डाटा सप्लायर
199. फ्लॉपी डिस्क किसका उदाहरण है ?
   (अ) मेन मेमोरी (ब) सेकेंडरी मेमोरी
   (स) कैश मेमोरी (द) रिजर्व मेमोरी
200. फ्लॉपी डिस्क किस चीज का बना होता है ?
   (अ) यह लचीली प्लास्टिक सामग्री की बनी होती है
   (ब) यह कड़े प्लास्टिक सामग्री की पतली चकती है
   (स) यह लचीले प्लास्टिक सामेग्री की मोटी चकती है
   (द) इनमें से कोई नहीं
201. फ्लॉपी डिस्क पर किस चीज का लेप होता है ?
   (अ) मैग्नेटिक कोटिंग (ब) रेड कोटिंग
   (स) इलेक्ट्रिक कोटिंग (द) ग्रीन कोटिंग
202. मैग्नेटिक कोटिंग क्या है ?
   (अ) आयरन ऑक्साइड रिकॉर्डिंग पदार्थ
   (ब) मैगनीज ऑक्साइड रिकॉर्डिंग पदार्थ
   (स) आयरन सल्फेट रिकॉर्डिंग पदार्थ
   (द) इनमें से कोई नहीं
203. मैग्नेटिक कोटिंग पर अदृश्य.........होते हैं।

उत्तर के लिए कृपया पृष्ठ सं. 156 देखें।

(अ) इलेक्ट्रिक स्पॉट (ब) मेकैनिकल स्पॉट
(स) मैग्नेटिक स्पॉट (द) रेअर स्पॉट

204. इस मैग्नेटिक स्पॉट पर ही.........होता है।
(अ) डाटा रिकॉर्डिंग (ब) डाटा डिस्प्ले
(स) ड्राइंग (द) प्रोग्रामिंग

205. फ्लॉपी डिस्क मुख्यत: किस काम में इस्तेमाल होता है ?
(अ) बैक अप रखने में
(ब) कम मात्रा में डाटा एक जगह से दूसरी जगह ले जाने में
(स) दोनों (द) इनमें से कोई नहीं

206. आजकल किस-किस साइज की फ्लॉपी डिस्क प्रयोग में हैं ?
(अ) 5.25 इंच और 3.5 इंच (ब) 5 इंच और 3 इंच
(स) 8 इंच और 5 इंच (द) 2 इंच और 5 इंच

207. जब फ्लॉपी ट्रैक्स में विभाजित हो जाते हैं और ट्रैक्स सेक्टर में बँट जाते हैं तो इसे क्या कहते हैं ?
(अ) फॉरमैट होना (ब) नॉन फॉरमैट होना
(स) सेक्टरीकृत होना (द) पाथ

208. फॉरमैट करने के बाद मीडिया पर जो वृत्त (सर्किल) बनते हैं उसे क्या कहते हैं ?
(अ) ट्रैक (ब) फील्ड
(स) सेक्टर (द) पाथ

209. टी.पी.आई. का पूर्ण रूप क्या है ?
(अ) ट्रैक पर इंच (ब) टाइम पर इंच
(स) टोटल प्रोसेसिंग इंच (द) ट्रायल पर इंच

210. टी.पी.आई. किस चीज को दरशाता है ?
(अ) फ्लॉपी की क्षमता (ब) ट्रैक की क्षमता
(स) सेक्टर की क्षमता (द) पाथ की क्षमता

211. फ्लॉपी की क्षमता किस पर निर्भर करती है ?
(अ) रिकॉर्डिंग के घनत्व (ब) रिकॉर्डिंग की गति
(स) रिकॉर्डिंग में लगे समय (द) इनमें से कोई नहीं

उत्तर के लिए कृपया पृष्ठ सं. 156 देखें।

212. फ्लॉपी डिस्क कितने प्रकार की होती है ?

(अ) एक (ब) दो

(स) तीन (द) चार

213. 3½ इंच वाली फ्लॉपी में सिंगल साइडेड डिस्क में डाटा स्टोर करने की क्षमता कितनी होती थी ?

(अ) 110 KB (ब) 210 KB

(स) 310 KB (द) 410 KB

214. डिस्क का हेड क्या होता है ?

(अ) कंडक्टिंग कॉएल (ब) हॉट कॉएल

(स) सॉफ्ट कॉएल (द) हार्ड कॉएल

215. हेड क्या करता है ?

(अ) डाटा पढ़ने और लिखने का काम

(ब) केवल पढ़ने का काम

(स) नेतृत्व करने का काम (द) इनमें से कोई नहीं

216. विनचेस्टर डिस्क क्या है ?

(अ) हार्ड डिस्क (ब) सॉफ्ट डिस्क

(स) कॉम्पैक्ट डिस्क (द) सरकुलर डिस्क

217. क्या विनचेस्टर डिस्क को ड्राइव से अलग किया जा सकता है ?

(अ) हाँ (ब) नहीं

218. फ्लॉपी डिस्क की तुलना में विनचेस्टर डिस्क में डाटा एक्सेस की दर.........होती है।

(अ) धीमी (ब) एक जैसी

(स) बहुत तेज (द) मध्यम

219. एक डिस्क पैक में कितने हेड लगे होते हैं ?

(अ) एक (ब) चार

(स) कई (द) एक भी नहीं

220. ऑप्टिकल डिस्क भी एक प्रकार का स्टोरेज डिवाइस है। यह डिजिटल डाटा रिकॉर्ड करने के लिए किसका प्रयोग करता है।

(अ) उच्च शक्ति लेसर किरण (ब) न्यून शक्ति लेसर किरण

उत्तर के लिए कृपया पृष्ठ सं. 156 देखें।

(स) एक्स-रे (द) कॉस्मिक किरण

221. ऑप्टिकल डिस्क का डाटा किसकी मदद से पढ़ा जाता है ?
(अ) रीडर (ब) बुक
(स) फोटो इलेक्ट्रिक सेंसर (द) फोटो रीडर

222. सी डी रॉम निम्नांकित में से किसका उदाहरण है ?
(अ) मैग्नेटिक टेप (ब) विनचेस्टर डिस्क
(स) ऑप्टिकल मेमोरी (द) मैग्नेटिक डिस्क

223. सी डी रॉम निम्नांकित मे से किस श्रेणी में आता है ?
(अ) नॉन इरेजेबल ऑप्टिकल डिस्क
(ब) इरेजेबल ऑप्टिकल डिस्क
(स) नॉन इरेक्टेबल ऑप्टिकल डिस्क
(द) इरेक्टेबल ऑप्टिकल डिस्क

224. सी डी रॉम के बारे में निम्नांकित में से कौन सी बात सत्य है ?
(अ) सी डी रॉम न्यूनतम डाटा संग्रह कर पाता है
(ब) सी डी रॉम की अनुकृति वृहत् पैमाने पर जल्द की जानी संभव है
(स) सी डी रॉम पर लिखना भी मुमकिन है
(द) इनमें से कोई नहीं

225. वर्म (WORM) एक प्रकार की ऑटिकल मेमोरी है। इसका पूर्ण रूप क्या है ?
(अ) राइट वंस रीड मेमोरी (ब) राइट वंस रग्ड मेमोरी
(स) राइट ऑटिकल रीड मेमोरी (द) इनमें से कोई नहीं

226. वर्म भी सी डी की श्रेणी में आता है। इसकी क्या विशेषता है ?
(अ) इस पर बार-बार लिखना संभव है
(ब) इस पर एक बार लिखना संभव है
(स) इस पर दो बार लिखना संभव है
(द) इनमें से कोई नहीं

227. वर्म पर किसकी मदद से लिखना संभव है ?
(अ) सामान्य तीव्रता वाली लेसर किरणों से
(ब) ज्यादा तीव्रता वाली लेसर किरणों से

उत्तर के लिए कृपया पृष्ठ सं. 156 व 157 देखें।

(स) साधारण ग्रेफाइट वाली पेंसिल से

(द) साधारण स्याही वाली कलम से

228. अभी सबसे आधुनिक ऑप्टिकल डिस्क कौन सी है ?

(अ) मैग्नेटिक डिस्क

(ब) नॉन इरेजेबल ऑप्टिकल डिस्क

(स) इरेजेबल ऑप्टिकल डिस्क (द) इनमें से कोई नहीं

229. इरेजेबल ऑप्टिकल डिस्क किस तकनीक पर काम करती है ?

(अ) इलेक्ट्रो मैग्नेटिक सिस्टम (ब) मेकैनिकल सिस्टम

(स) मैग्नेटो ऑप्टिकल सिस्टम (द) इलेक्ट्रो ऑप्टिकल सिस्टम

230. इरेजेबल ऑप्टिकल डिस्क की विशेषता क्या है ?

(अ) इस पर एक बार लिखना संभव है

(ब) इस पर बार-बार मिटाकर बार-बार लिखना संभव है

(स) इस पर लिखना ही संभव नहीं है

(द) इस पर सिर्फ पढ़ना संभव है

231. हाई स्पीड मेमोरी को क्या कहते हैं ?

(अ) अल्फा मेमोरी (ब) बीटा मेमोरी

(स) गामा मेमोरी (द) कैश मेमोरी

232. कैश मेमोरी क्या है ?

(अ) सी.पी.यू. और मुख्य मेमोरी के बीच स्थित तीव्र (फास्ट) मेमोरी

(ब) सी.पी.यू. और मेन मेमोरी के बीच स्थित धीमी मेमोरी

(स) डाइरेक्ट मेमोरी (द) इनडाइरेक्ट मेमोरी

233. कैश मेमोरी याददाश्त में बहुत तेज होते हैं और आकार में.........

(अ) बहुत बड़े (ब) छोटे

(स) मध्यम (द) इनमें से कोई नहीं

234. कैश मेमोरी सी.पी.यू. और मेन मेमोरी के बीच किसकी तरह काम करती है ?

(अ) बफर की तरह (ब) स्टोरकीपर की तरह

(स) गनर की तरह (द) ब्रदर की तरह

235. बस (BUS) क्या है ?

उत्तर के लिए कृपया पृष्ठ सं. 157 देखें।

(अ) एक सर्किट है, जो दो या अधिक उपकरणों के लिए संचार पथ प्रदान करता है।

(ब) एक गाड़ी है जो हर जगह यात्रा कराता है

(स) एक सर्किट है जो बस में लगा होता है

(द) इनमें से कोई नहीं

236. प्रोसेसर दूसरे उपकरणों से किसकी मदद से जुड़ा होता है ?

(अ) ट्रक (ब) तार

(स) जीप (द) बस

237. बस तीन प्रकार के होते हैं। नाम बताएँ—

(अ) एड्रेस बस, डाटा बस, कंट्रोल बस

(ब) एयर बस, वाटर बस, सिले बस

(स) टाटा, अशोक, स्वराज

(द) कंट्रोल, डाटा, एयर

238. डाटा कहाँ भेजना है या कहाँ से लिया जाना है, इसके लिए कौन सी बस प्रयुक्त होती है ?

(अ) डाटा बस (ब) एड्रेस बस

(स) एयर बस (द) कंट्रोल बस

239. माइक्रो प्रोसेसर में डाटा भेजने या प्राप्त करने के लिए कौन सी बस प्रयुक्त होती है ?

(अ) डाटा बस (ब) एड्रेस बस

(स) एयर बस (द) कंट्रोल बस

240. प्रोसेसर, इनपुट/आउटपुट डिवाइस और मेमोरी के काम में समन्वय बिठाने के लिए सिग्नल भेजने या प्राप्त करने के लिए कौन सी बस प्रयुक्त होती है ?

(अ) डाटा बस (ब) एड्रेस बस

(स) कंट्रोल बस (द) एयर बस

241. मैग्नेटिक टेप में डाटा किस रूप में रिकॉर्ड होते हैं ?

(अ) गिनती के रूप में (ब) गीत के रूप में

(स) इलेक्ट्रो मैग्नेटिक स्पंदन के रूप में

उत्तर के लिए कृपया पृष्ठ सं. 157 देखें।

(द) विद्युत् स्पंदन के रूप में

242. टेप पर ये स्पंदन किस रूप में मौजूद होते हैं

(अ) अदृश्य स्पॉट (ब) दृश्य स्पॉट

(स) रंगीन स्पॉट (द) काले स्पॉट

243. डाटा किस प्रकार प्राप्त किए जाते हैं ?

(अ) टेप पर मैग्नेटिक स्पॉट की पहचानकर

(ब) टेप पर ब्लैक स्पॉट की पहचानकर

(स) टेप पर स्पॉट की गिनती कर

(द) इनमें से कोई नहीं

244. मैग्नेटिक टेप क्या होता है ?

(अ) चुंबकीय पदार्थ के लेपवाला प्लास्टिक रिबन

(ब) साधारण प्लास्टिक रिबन

(स) चुंबकवाला रिबन (द) इनमें से कोई नहीं

उत्तर के लिए कृपया पृष्ठ सं. 157 देखें।

6

इनपुट/आउटपुट उपकरण

245. जिस उपकरण की मदद से कोई भी सूचना या निर्देश कंप्यूटर में भेजी जाती है, क्या कहलाती है?

(अ) इनपुट डिवाइस (ब) आउटपुट डिवाइस

(स) डाटा सेंडर (द) इंस्ट्रक्टर

246. की-बोर्ड एक प्रमुख इनपुट डिवाइस है, इसकी मदद से क्या करते हैं?

(अ) समस्त सूचना कंप्यूटर को भेजते हैं

(ब) कंप्यूटर का ताला खोलते हैं

(स) मनपसंद धुन बजाते हैं (द) इनमें से कोई नहीं

247. A से Z तक की 'की' (KEY) क्या कहलाती है?

(अ) अल्फाबेटिकल 'की' (ब) स्पेशल 'की'

(स) फंक्शन 'की' (द) साइन 'की'

248. 0 से 9 तक की 'की' (KEY) क्या कहलाती है?

(अ) फंक्शन 'की' (ब) साइन 'की'

(स) न्यूमेरिक 'की' (द) लॉजिकल 'की'

249. F-1 से F-12 तक की 'की' क्या कहलाती हैं?

(अ) साइन 'की' (ब) न्यूमेरिक 'की'

(स) फंक्शन 'की' (द) लॉजिकल 'की'

250. <, >, ?, !, &, ~, /, \, →, ←, ↑, ↓ आदि किस श्रेणी की 'की' के अंतर्गत आती है?

(अ) न्यूमेरिक 'की' (ब) साइन 'की'

(स) स्पेशल 'की' (द) लॉजिकल 'की'

251. +, -, =, ;, #, @ आदि किस प्रकार की 'की' कहलाती है?

उत्तर के लिए कृपया पृष्ठ सं. 157 देखें।

(अ) स्पेशल 'की' (ब) अर्थमेटिक साइन 'की'
(स) न्यूमेरिक 'की' (द) लॉजिकल 'की'

252. Ctrl, Esc, Shift, Alt, Insert, Del, Pageup, Page down, Home & End, Num Lock, Scroll Lock, Pause, Print Screen आदि Key क्या कहलाते हैं?
(अ) फंक्शन 'की' (ब) स्पेशल 'की'
(स) न्यूमेरिक 'की' (द) अल्फ़ा न्यूमेरिक 'की'

253. की-बोर्ड की ही तरह माउस भी एक इनपुट डिवाइस है। यह क्या करता है?
(अ) सॉफ्टवेअर संचालन में नियंत्रक का काम करता है।
(ब) सॉफ्टवेअर संचालन में अवरोधक का काम करता है।
(स) कंप्यूटर के अंदर छिपे चूहे भगाता है।
(द) इनमें से कोई नहीं

254. माउस को और किस नाम से पुकारते हैं?
(अ) प्वाइंटिंग डिवाइस (ब) कंट्रोल डिवाइस
(स) रैट (द) माइस

255. यदि माउस को एक जगह से उठाकर दूसरी जगह रख दें तो कर्सर किस स्थिति में रहेगा?
(अ) पहलेवाली स्थिति में (ब) दूसरी स्थिति में
(स) इन दोनों में कोई नहीं

256. लाइट पेन भी प्वाइंटिंग डिवाइस है। इसका प्रयोग मुख्यतः किस काम में होता है?
(अ) गणना करने में (ब) लिखने में
(स) डिजाइनिंग में (द) सब में

257. लाइटपेन में एक फोटोसेल लगा होता है, यह किस व्यवस्था पर आधारित है?
(अ) ऑप्टिकल (ब) इलेक्ट्रिकल
(स) मेकैनिकल (द) इलेक्ट्रॉनिक

258. लाइट पेन से पैड पर लिखने पर इसे कहाँ देखा जा सकता है?

उत्तर के लिए कृपया पृष्ठ सं. 157 देखें।

(अ) मॉनिटर पर (ब) सीपीयू में

(स) प्रिंटर पर (द) इनमें से कोई नहीं

259. टच स्क्रीन भी एक इनपुट डिवाइस है। इसमें की-बोर्ड और माउस का काम कौन करता है?

(अ) पेन (ब) लोकेटर

(स) स्कैनर (द) मॉनिटर

260. मॉनिटर पर दिख रहे सॉफ्टवेयर के मेन्यु को रन कराने के लिए क्या करना होता है?

(अ) स्क्रीन को स्पर्श (टच) करना (ब) बिजली चालू करना

(स) बैटरी चालू करना (द) कमांड देना

261. डिजिटाइजिंग पैड 'पैड' से बना इनपुट डिवाइस है। इसकी सतह पर एक ग्रिड होता है। ये ग्रिड किसके बने होते हैं?

(अ) ताँबे के तारों से (ब) लोहे के तारों से

(स) चाँदी के तारों से (द) प्लैटिनम के तारों से

262. जॉयस्टिक नायक इनपुट डिवाइस किस चीज पर माउंट होती है, जो सॉकेट के अंदर घूमती है?

(अ) स्फेरिकल बॉल (गोली) (ब) नली पर

(स) क्यूब पर (द) स्टिक पर

263. वॉइस रिकोग्निशन तकनीक के अंतर्गत डाटा किस प्रकार लिखते (Feed) हैं?

(अ) बोलकर (ब) लिखकर

(स) टाइप कर (द) छापकर

264. वॉइस रिकोग्नाइजर नामक इनपुट डिवाइस कब आविष्कृत हुआ?

(अ) 1990 ई. (ब) 1991 ई.

(स) 1992 ई. (द) 1994 ई.

265. स्कैनर का क्या काम है?

(अ) इन्फॉर्मेशन कैप्चर करना और ग्राफिक फॉरमैट में स्टोर करना

(ब) सिर्फ इन्फॉर्मेशन कैप्चर करना

(स) सिर्फ इन्फॉर्मेशन स्टोर करना (द) इनमें से कोई नहीं

उत्तर के लिए कृपया पृष्ठ सं. 157 देखें।

266. स्कैनर से संबंधित कौन सा तथ्य सत्य है ?
(अ) स्कैनर ऑप्टिकल इमेज को डिजिटल इमेज में बदलता है
(ब) स्कैनर डिजिटल इमेज को ऑप्टिकल इमेज में बदलता है
(स) दोनों ही काम करता है
(द) दोनों ही काम नहीं करता है

267. MICR का पूर्ण रूप क्या है ?
(अ) मैग्नेटिक इंक कैरेक्टर रिकोग्निशन
(ब) मेटलिक इंक कैरेक्टर रिकोग्निशन
(स) मेटलिक इमेज कलर रिकोग्निशन
(द) मैग्नेटिक इमेज कलर रिकोग्निशन

268. MICR का उपयोग मुख्यत: कहाँ होता है ?
(अ) बिजली उद्योग में (ब) बैंक उद्योग में
(स) कागज उद्योग में (द) अबरख उद्योग में

269. OMR का पूर्ण रूप क्या है ?
(अ) ऑप्टिकल मार्क रिकोग्निशन
(ब) ऑप्टिकल मेटल रिकोग्निशन
(स) ऑप्टिकल मार्क रिकॉर्डर (द) इनमें से कोई नहीं

270. OMR से संबंधित कौन सा तथ्य सही है ?
(अ) कंप्यूटर द्वारा पढ़े जाने योग्य कागज पर लगे निशान को पहचानता है ?
(ब) चित्र पहचानता है
(स) रंग पहचानता है (द) कागज पहचानता है

271. OMR तकनीक का प्रयोग मुख्यत: किस काम में होता है ?
(अ) बैंक के काम में
(ब) प्रतियोगिता परीक्षाओं में उत्तर पुस्तिका जाँचने के काम में
(स) किसी भी काम में (द) किसी भी काम में नहीं

272. OCR का पूर्ण रूप क्या है ?
(अ) ऑप्टिकल कलर रिकोग्निशन
(ब) ऑरेंज कलर रिकोग्निशन

उत्तर के लिए कृपया पृष्ठ सं. 157 देखें।

(स) ऑप्टिकल कैरेक्टर रिकोग्निशन

(द) इनमें से कोई नहीं

273. OCR डॉक्यूमेंट के कैरेक्टर को कैसे पढ़ता है ?

(अ) कैरेक्टर की आकृति को पहचानकर

(ब) कैरेक्टर की साइज को पहचानकर

(स) कैरेक्टर के रंग को पहचानकर

(द) इनमें से कोई नहीं

274. OBR किसका संक्षिप्त रूप है ?

(अ) ऑटिकल बॉल रीडर (ब) ऑप्टिकल बारकोड रीडर

(स) ऑनलाइन बार रीडर (द) ऑनलाइन बॉल रेट

275. कंप्यूटर से सूचना बाहर निकालकर उसे प्रयोक्ता के समक्ष मनमाफिक रूप में प्रस्तुत करने की इकाई क्या कहलाती है ?

(अ) इनपुट डिवाइस (ब) आउटपुट डिवाइस

(स) प्रिंटर (द) स्कैनर

276. कंप्यूटर में जो भी डाटा फीड किया जाता है, वह कंप्यूटर के जिस हिस्से में दिखता है वह क्या कहलाता है ?

(अ) डिस्प्ले सिस्टम (ब) शो सिस्टम

(स) विंडो सिस्टम (द) इनमें से कोई नहीं

277. पारंपरिक कंप्यूटर डिस्प्ले टर्मिनल और किस नाम से जाने जाते हैं ?

(अ) अल्फा न्यूमेरिक टर्मिनल (ब) न्यूमेरिक टर्मिनल

(स) इमेज टर्मिनल (द) सेंट्रल टर्मिनल

278. ग्राफिक डिस्प्ले किस चीज से बना होता है ?

(अ) डॉट (ब) मार्क

(स) पैच (द) मेटल इंक

279. ग्राफिक डिस्प्ले के डॉट्स (बिंदु) को क्या कहते हैं ?

(अ) पिक्सेल (ब) पिक्चर

(स) फोटो (द) पेंटिंग

280. पिक्सेल क्या है ?

(अ) पिक्चर डिस्प्ले का सूक्ष्मतम हिस्सा

उत्तर के लिए कृपया पृष्ठ सं. 157 व 158 देखें।

(ब) पिक्चर डिस्प्ले का महत्तम हिस्सा

(स) छपने लायक तसवीर (द) इनमें से कोई नहीं

281. डिस्प्ले स्क्रीन तकनीक की कितनी श्रेणियाँ मौजूद हैं ?

(अ) एक (ब) दो (स) तीन (द) चार

282. C R T किसका संक्षिप्त रूप है ?

(अ) कैथोड रेड ट्यूब (ब) कैथोड रे ट्यूब

(स) क्लीन रेड ट्यूब (द) क्लीन रे ट्यूब

283. C R T डिस्प्ले में स्क्रीन पर किसका लेप चढ़ा रहता है ?

(अ) सल्फर (ब) सोडियम

(स) पोटैशियम (द) फासफोरस

284. C R T टर्मिनल का मुख्य पुरजा क्या है ?

(अ) इलेक्ट्रॉन गन (ब) न्यूट्रॉन गन

(स) प्रोटॉन गन (द) मशीन गन

285. V D U का पूर्ण रूप क्या है ?

(अ) विजुअल डिस्प्ले यूनिट (ब) वीडियो डिस्प्ले यूनिट

(स) वेक्टर डिस्प्ले यूनिट (द) वीडियो डेकोरेशन यूनिट

286. C R T के बारे में निम्नांकित तथ्यों में कौन सही है ?

(अ) पिक्चर ट्यूब है

(ब) एक वैक्यूम ट्यूब है, जो ग्राफिक से संबंधित सूचना को दरशाता है

(स) एक ट्यूब है, जो घर को रोशन करता है

(द) इनमें से कोई नहीं

287. C R T डिस्प्ले दो तरह के होते हैं—वेक्टर और रास्टर। वेक्टर डिस्प्ले की विशेषता क्या है ?

(अ) जहाँ इमेज बनानी होती है इलेक्ट्रॉन बीम उसी जगह पड़ती है

(ब) जहाँ गिनती करनी होती है इलेक्ट्रॉन बीम उसी जगह पड़ती है

(स) जहाँ डिस्प्ले होता है वहाँ रोशनी होती है

(द) इनमें से कोई नहीं

288. रास्टर डिस्प्ले की क्या विशेषता है ?

(अ) इलेक्ट्रॉन बीम पड़ने के बाद पिक्सेल की प्रत्येक कतार ऊपर से

उत्तर के लिए कृपया पृष्ठ सं. 158 देखें।

नीचे की ओर आलोकित होती दिखती है

(ब) पिक्सेल की प्रत्येक कतार बाएँ से दाएँ की ओर आलोकित होती दिखती है।

(स) दोनों (द) इनमें से कोई नहीं

289. L C D का पूर्ण रूप क्या है ?

(अ) लिक्विड क्रिस्टल डिस्प्ले (ब) लिक्विड क्रोमियम डिस्प्ले

(स) लो कैलोरी डाइट (द) लो डिस्प्ले

290. L C D में तसवीर बनाने के लिए क्या प्रयोग किया जाता है ?

(अ) लिक्विड क्रिस्टल (ब) सॉलिड क्रिस्टल

(स) श्वेत क्रिस्टल (द) लाल क्रिस्टल

291. L C D का इस्तेमाल ज्यादातर किसमें होता है ?

(अ) घड़ियों में (ब) रेडियो में

(स) टेलीफोन में (द) टेलीविजन में

292. L C D का प्रथम प्रयोग कब शुरू हुआ ?

(अ) सन् 1960 के दशक में (ब) सन् 1965

(स) सन् 1970 के दशक में (द) सन् 1975

293. L C D तकनीक का मुख्य लाभ क्या है ?

(अ) न्यूनतम ऊर्जा की खपत (ब) अधिकतम ऊर्जा की खपत

(स) कम रोशनी (द) अधिक रोशनी

294. प्रोजेक्शन डिस्प्ले का उपयोग सेमिनार, मार्केटिंग प्रेजेंटेशन आदि में किया जाता है। प्रोजेक्शन डिस्प्ले के लिए कंप्यूटर के साथ-साथ किस चीज को प्रयोग में लाते हैं ?

(अ) लाउडस्पीकर (ब) ट्रांसमीटर

(स) एक्सेलरेटर (द) ओवर हेड प्रोजेक्टर

295. डिस्प्ले कार्ड की विशेषता क्या है ?

(अ) मॉनिटर पर डाटा दिखने को संभव बनाना

(ब) फोटो दिखाना

(स) मॉनिटर को आलोकित करना (द) इनमें से कोई नहीं

296. प्रथम डिस्प्ले कार्ड कौन-सा है ?

उत्तर के लिए कृपया पृष्ठ सं. 158 देखें।

(अ) मोनोक्रोम डिस्प्ले एडेप्टर (ब) कलर ग्राफिक्स एडेप्टर

(स) वीडियो ग्राफिक एरे (द) पी.सी. आई कार्ड

297. मोनोक्रोम डिस्प्ले एडेप्टर कार्ड सिर्फ एक रंग में डिस्प्ले करता है। इसका डिस्प्ले कितना होता है ?

(अ) 80 कॉलम और 25 कतार

(ब) 100 कॉलम और 100 कतार

(स) 80 कॉलम और 80 कतार

(द) 25 कॉलम और 25 कतार

298. M D A कार्ड संपूर्ण स्क्रीन पर कितना डिस्प्ले करता है ?

(अ) क्षैतिज 720 पिक्सेल, ऊर्ध्वाधर 350 पिक्सेल

(ब) क्षैतिज 820 पिक्सेल, ऊर्ध्वाधर 450 पिक्सेल

(स) क्षैतिज 700 पिक्सेल, ऊर्ध्वाधर 300 पिक्सेल

(द) इनमें से कोई नहीं

299. M D A कार्ड को काम करने के लिए कितने रैम की जरूरत होती है ?

(अ) 14 KB रैम (ब) 4 KB रैम

(स) 40 KB रैम (द) 8 KB रैम

300. C G A का पूर्ण रूप क्या है ?

(अ) कलर ग्राफिक्स एडेप्टर (ब) कोरल ग्राफिक्स एडेप्टर

(स) कलर ग्राफिक्स एड (द) कोरल ग्राफिक्स एड

301. C G A कार्ड क्या करता है ?

(अ) यह 16 भिन्न-भिन्न रंगों को मॉनिटर पर दिखा सकता है

(ब) यह 8 रंगों को मॉनिटर पर दिखा सकता है

(स) यह 4 रंगों को मॉनिटर पर दिखा सकता है

(द) इनमें से कोई नहीं

302. यह कार्ड कितनी मेमोरी का प्रयोग करता है ?

(अ) 4 KB (ब) 8 KB

(स) 12 KB (द) 16 KB

303. H G A का पूर्ण रूप क्या है ?

(अ) हरक्यूलिस ग्राफिक्स एडेप्टर (ब) हेवी ग्राफिक्स एडेप्टर

उत्तर के लिए कृपया पृष्ठ सं. 158 देखें।

(स) हार्ड ग्रिड एंड (द) हार्ड ग्रिड एपरेटस

304. H G A कार्ड का आविष्कार किसने किया था?

(अ) जॉन बेयर्ड (ब) जॉन जेकिंस

(स) केविन जेकिंस (द) केविन कोस्टनर

305. H G A कार्ड का रिजोल्यूशन कितना होता है?

(अ) 500 × 500 पिक्सेल (ब) 500 × 700 पिक्सेल

(स) 700 × 800 पिक्सेल (द) 720 × 350 पिक्सेल

306. H G A कार्ड कितनी मेमोरी का प्रयोग करता है?

(अ) 8 KB (ब) 16 KB

(स) 32 KB (द) 64 KB

307. मॉनिटर पर एक इंच में जितने डॉट मिलकर एक अक्षर का निर्माण करते हैं वह डॉट इसका क्या कहलाता है?

(अ) पिक्सेल (ब) इंटेन्सिटी

(स) रिजोल्यूशन (द) यूटिलिटी

308. E G A किसका संक्षिप्त रूप है?

(अ) इन्लार्ज्ड ग्रीन एरे (ब) इन्हांस्ड ग्राफिक्स एडेप्टर

(स) एवर ग्रीन एडेप्टर (द) एवर ग्रीन एरे

309. E G A कार्ड क्या है?

(अ) रॉम आधारित वीडियो एडेप्टर

(ब) रॉम आधारित ऑडियो एडेप्टर

(स) रेडियो एडेप्टर (द) इनमें से कोई नहीं

310. E G A कार्ड की क्या विशेषता है?

(अ) यह टेक्स्ट मोड के अलावा ग्राफिक्स मोड को भी सपोर्ट करता है

(ब) यह टेक्स्ट मोड को बदल देता है

(स) यह ग्राफिक्स मोड को बदल देता है

(द) इनमें से कोई नहीं

311. E G A कार्ड 64 रंगों के कितने शेड एक साथ दिखा सकता है?

(अ) 8 (ब) 16

(स) 32 (द) 64

उत्तर के लिए कृपया पृष्ठ सं. 158 देखें।

312. रंगीन E G A कार्ड को कलर मॉनिटर पर प्रयोग करने से कितनी मेमोरी की जरूरत होगी ?

(अ) 16 KB
(ब) 64 KB
(स) 128 KB
(द) 256 KB

313. V G A का पूर्ण रूप क्या है ?

(अ) वेक्टर ग्राफिक एडेप्टर
(ब) वेक्टर ग्राफिक एरे
(स) विजुअल ग्राफिक एरे
(द) वीडियो ग्राफिक एरे

314. V G A कार्ड उच्च रिजोल्यूशन कार्ड है। इसका रिजोल्यूशन कितना है ?

(अ) 120 × 120 पिक्सेल
(ब) 240 × 240 पिक्सेल
(स) 360 × 360 पिक्सेल
(द) 640 × 480 पिक्सेल

315. यदि V G A कार्ड में I M B मेमोरी का प्रयोग किया जाए तो यह 16 रंगों के कितने शेड दिखाएगा ?

(अ) 360
(ब) 720
(स) 1024
(द) 1200

316. V G A कितने बिट का कार्ड है ?

(अ) 4
(ब) 8
(स) 12
(द) 16

317. M C G A का पूर्ण रूप क्या है ?

(अ) मेन कंट्रोल गेट एडेप्टर
(ब) मेन कार्ड गेट एडेप्टर
(स) मेमोरी कंट्रोलर गेट एरे
(द) मेमोरी कंट्रोलर ग्राफिक्स एडेप्टर

318. M G C A कार्ड भी उच्च रिजोल्यूशन कार्ड है। इसका ज्यादातर प्रयोग किस मोड में होता है ?

(अ) टेक्स्ट
(ब) ग्राफिक्स
(स) ड्रॉइंग
(द) प्लस

319. E G A प्लस कार्ड का रिजोल्यूशन कितना होता है ?

(अ) 100 × 200 पिक्सेल
(ब) 200 × 300 पिक्सेल
(स) 300 × 400 पिक्सेल
(द) 800 × 600 पिक्सेल

320. कंप्यूटर की समस्त सूचनाएँ देखने के लिए जिस डिवाइस का उपयोग

उत्तर के लिए कृपया पृष्ठ सं. 158 देखें।

किया जाता है उसे क्या कहते हैं ?

(अ) मॉनिटर (ब) टेलीविजन

(स) स्क्रीन (द) परदा

321. मॉनिटर दो प्रकार के होते हैं, नाम बताएँ ?

(अ) वर्टिकल और हॉरिजेंटल (ब) कलर और मोनोक्रोम

(स) ब्लैक और वाइट (द) इनमें से कोई नहीं

322. कंप्यूटर के जरिए भेजी गई सूचनाएँ और निर्देश जिस मशीन के द्वारा कागज पर मुद्रित होती हैं उसे क्या कहते हैं ?

(अ) टाइपराइटर (ब) टेलीप्रॉम्पटर

(स) टाइप फेस (द) प्रिंटर

323. इंपैक्ट प्रिंटर मुद्रण के लिए किसका प्रयोग करते हैं ?

(अ) स्याही का (ब) रंग का

(स) स्याही लगे रिबन का (द) सादी रिबन का

324. नॉन इंपैक्ट प्रिंटर मुद्रण के लिए किसका प्रयोग करते हैं ?

(अ) स्याही का (ब) स्याहीदार पट्टी का

(स) रासायनिक, तापीय या विद्युत् संकेत का

(द) इनमें से किसी का नहीं

325. एक बार में एक कैरेक्टर मुद्रित करनेवाले प्रिंटर क्या कहलाते हैं ?

(अ) सीरियल प्रिंटर (ब) सीरिज प्रिंटर

(स) लाइन प्रिंटर (द) पेज प्रिंटर

326. एक बार में एक पूरी लाइन मुद्रित करनेवाले प्रिंटर क्या कहलाते हैं ?

(अ) सीरियल प्रिंटर (ब) सीरिज प्रिंटर

(स) लाइन एंड पेज प्रिंटर (द) वन लाइनर

327. जो प्रिंटर प्रत्येक अक्षर को डॉट के जरिए मुद्रित करता है उसे क्या कहते हैं ?

(अ) इंकजेट प्रिंटर (ब) डॉट मैट्रिक्स प्रिंटर

(स) लेसर प्रिंटर (द) लाइन प्रिंटर

328. आकार के दृष्टिकोण से डॉट मैट्रिक्स प्रिंटर दो तरह के होते हैं, कौन-कौन से ?

उत्तर के लिए कृपया पृष्ठ सं. 158 देखें।

(अ) 20 कॉलम और 40 कॉलम प्रिंटर

(ब) 40 कॉलम और 60 कॉलम प्रिंटर

(स) 80 कॉलम और 136 कॉलम प्रिंटर

(द) 100 कॉलम और 125 कॉलम प्रिंटर

329. प्रिंटिंग क्वालिटी की दृष्टि से भी डॉट मैट्रिक्स प्रिंटर दो तरह के होते हैं। नाम बताएँ ?

(अ) 9 पिन और 24 पिन प्रिंटर

(ब) 9 पिन और 18 पिन प्रिंटर

(स) 18 पिन और 36 पिन प्रिंटर

(द) 36 पिन और 72 पिन प्रिंटर

330. C P S का पूर्ण रूप क्या है ?

(अ) कलर फोटो सिस्टम
(ब) कैरेक्टर्स पर सेकंड
(स) क्रिएटिविटी पर सेकंड
(द) कैरेक्टर्स पर शेड्यूल

331. डॉट मैट्रिक्स प्रिंटर की छपाई की गति सीमा क्या है ?

(अ) 40 CPS—1000 CPS
(ब) 80 CPS—800 CPS
(स) 50 CPS—500 CPS
(द) 100 CPS—1000 CPS

332. प्रिंटर को दाएँ से बाएँ और बाएँ से दाएँ ले जाने का काम कौन करता है ?

(अ) प्रिंटर हेड
(ब) हेड एसेंबली
(स) पोर्ट
(द) मदर बोर्ड

333. जब प्रिंटर को बिना कंप्यूटर से जोड़े केवल प्रिंटर के द्वारा प्रिंट कॉपी निकालते हैं तो उसे क्या कहते हैं ?

(अ) प्रिंटर का सेल्फ टेस्ट
(ब) प्रिंटर का टेस्ट
(स) प्रिंटर चेक
(द) ऑन लाइन प्रिंटिंग

334. जो प्रिंटर छपाई करते समय अक्षर के आकार की स्याही का फुहार छोड़ता है, जिससे अक्षर छपते हैं, उसे क्या नाम मिला है ?

(अ) डॉट मैट्रिक्स
(ब) लेसर
(स) इमेज प्रिंटर
(द) इंकजेट प्रिंटर

335. इंकजेट प्रिंटर की मुद्रण गतिसीमा कितनी होती है ?

(अ) 50 CPS—100 CPS
(ब) 100 CPS—200 CPS

उत्तर के लिए कृपया पृष्ठ सं. 158 व 159 देखें।

(स) 50 CPS—200 CPS (द) 50 CPS—300 CPS

336. लेजर किरणों की मदद से मुद्रण करनेवाला प्रिंटर क्या कहलाता है?
(अ) डॉट मैट्रिक्स (ब) डेजी वील
(स) लेसर प्रिंटर (द) इंकजेट प्रिंटर

337. लेसर प्रिंटर की छपाई की रफ्तार क्या है?
(अ) 10 पृष्ठ प्रति मिनट से 200 पृष्ठ प्रति मिनट
(ब) 100 पृष्ठ प्रति मिनट से 200 पृष्ठ प्रति मिनट
(स) 50 पृष्ठ प्रति मिनट से 100 पृष्ठ प्रति मिनट
(द) 20 पृष्ठ प्रति मिनट से 100 पृष्ठ प्रति मिनट

338. लेसर प्रिंटर किस श्रेणी का प्रिंटर है?
(अ) इंपैक्ट प्रिंटर (ब) नॉन इंपैक्ट प्रिंटर
(स) लाइन प्रिंटर (द) सीरियल प्रिंटर

339. लेसर प्रिंटर में फोंट कार्टरिज का प्रयोग क्यों करते हैं?
(अ) अच्छी छपाई के लिए
(ब) रंगीन छपाई के लिए
(स) अलग-अलग किस्म के टाइप स्टाइल लोड करने के लिए
(द) इनमें से कोई नहीं

340. जब डाटा को प्रिंटर में प्रिंट करने के लिए भेजा जाता है तो यह डाटा प्रिंटर में प्रिंट होने तक जिस स्थान पर रहता है उस स्थान को क्या कहते हैं?
(अ) डाटा स्पॉट (ब) डाटा बफर
(स) सेपरेट स्पॉट (द) प्रिंट स्पॉट

341. लेसर प्रिंटर से संबंधित कौन सा तथ्य सही नहीं है?
(अ) लेसर प्रिंटर बहुत कम बिजली उपयोग करता है
(ब) लेसर प्रिंटर को कम-से-कम 1 KVA के CVT के साथ जोड़ना चाहिए
(स) टोनर कार्टरिज को कभी भी धूप में नहीं रखना चाहिए
(द) फोंट कार्टरिज को प्रिंटर ऑफ करने के बाद ही निकालना या लगाना चाहिए

उत्तर के लिए कृपया पृष्ठ सं. 159 देखें।

342. फोटोग्राफ प्रिंट करने के लिए किसका प्रयोग किया जाता है?

(अ) डाटा प्रिंटर | (ब) फोटोग्राफिक प्रिंटर
(स) इंकजेट प्रिंटर | (द) इंपैक्ट प्रिंटर

343. फोटोग्राफिक प्रिंटर कितने डॉट प्रति इंच (D P I) पर छपाई करता है?

(अ) 150 D P I | (ब) 300 D P I
(स) 600 D P I | (द) 1200 D P I

344. फोटोग्राफिक प्रिंटर में किस पेपर का उपयोग होता है?

(अ) ब्रोमाइड पेपर | (ब) आयोडाइड पेपर
(स) क्लोराइड पेपर | (द) इनमें से कोई नहीं

345. ग्राफिक्स वाले आउटपुट को कागज पर उतारने के लिए किसका उपयोग किया जाता है?

(अ) डॉट मैट्रिक्स | (ब) इंकजेट
(स) लेसर जेट | (द) प्लॉटर

346. जिस प्रकार छपाई के लिए डॉट मैट्रिक्स प्रिंटर में रिबन का प्रयोग होता है उसी प्रकार लेजर प्रिंटर में इनमें से किसका प्रयोग किया जाता है?

(अ) इंक | (ब) कलर
(स) टोनर | (द) इनमें से कोई नहीं

उत्तर के लिए कृपया पृष्ठ सं. 159 देखें।

7

इंटरफेस

347. दो डिवाइस को आपस में किसकी मदद से जोड़ते हैं?

(अ) केबल (ब) डाटा केबल

(स) कंट्रोल केबल (द) इंटरफेस

348. इनपुट / आउटपुट मोड्यूल क्या है?

(अ) यह प्रोसेसर और इनपुट / आउटपुट डिवाइस के बीच मध्यस्थ है

(ब) यह प्रोसेसर निर्देशक है

(स) यह इनपुट डिवाइस को निर्देश देता है

(द) यह आउटपुट डिवाइस को आदेश देता है

349. इनपुट / आउटपुट मोड्यूल क्या करता है?

(अ) मेन मेमोरी और एक्सटर्नल डिवाइस के बीच डाटा की अदला-बदली को नियंत्रित करता है

(ब) प्राइमरी मेमोरी और सेकेंडरी मेमोरी के बीच सामंजस्य बिठाता है

(स) इंटरनल डिवाइस और एक्सटरनल डिवाइस के बीच समन्वय रखता है

(द) इनमें से कोई नहीं

350. सी.पी.यू. के निर्देशानुसार इनपुट / आउटपुट डिवाइस के साथ इंटरएक्ट करनेवाले इनपुट / आउटपुट मोड्यूल को क्या कहते हैं?

(अ) इंपैक्ट प्रिंटर (ब) कंट्रोल यूनिट

(स) डिवाइस कंट्रोलर (द) इंटरएक्शन

351. डिवाइस कंट्रोलर का प्रयोग बहुधा किस कंप्यूटर में किया जाता है?

(अ) मेनफ्रेम कंप्यूटर (ब) माइक्रो कंप्यूटर

(स) मिनि कंप्यूटर (द) सुपर कंप्यूटर

उत्तर के लिए कृपया पृष्ठ सं. 159 देखें।

352. सी.पी.यू. और इनपुट / आउटपुट डिवाइस के बीच रफ्तार के अंतर को बराबर करने के लिए डिवाइस में कौन सी सुविधा होनी चाहिए?

(अ) बफर (ब) प्रोसेसिंग

(स) नियंत्रण (द) इनमें से कोई नहीं

353. प्रिंटर को कंप्यूटर से जोड़ने के लिए आमतौर पर किस इंटरफेस का प्रयोग होता है?

(अ) छोटा इंटरफेस (ब) बड़ा केबल

(स) पैरेलल इंटरफेस (द) इनमें से कोई नहीं

354. सामान्य पैरेलल इंटरफेस को क्या कहते हैं?

(अ) सेंट्रोनिक्स (ब) इलेक्ट्रॉनिक्स

(स) इकोनॉमिक्स (द) साइबर नेटिक्स

355. पैरेलल इंटरफेस में एक साथ कितने बिट भेजे जा सकते हैं?

(अ) 4 बिट (ब) अनेक बिट

(स) 1 बिट (द) 8 बिट

356. सीरियल इंटरफेस में एक बार में कितने बिट भेजे जा सकते हैं?

(अ) 1 बिट (ब) 2 बिट

(स) असंख्य बिट (द) 4 बिट

357. पेरिफेरल डिवाइस और इनपुट / आउटपुट डिवाइस के बीच के इंटरफेस को क्या कहते हैं?

(अ) इंटरनल इंटरफेस (ब) एक्सटरनल इंटरफेस

(स) इनपुट इंटरफेस (द) आउटपुट इंटरफेस

358. सीरियल इंटरफेस का उपयोग किस प्रिंटर में किया जाता है?

(अ) लाइन प्रिंटर (ब) सीरियल प्रिंटर

(स) डॉट प्रिंटर (द) लेसर प्रिंटर

359. टेप्स एवं डिस्क जैसे हाई स्पीड वाले पेरिफेरल्स में किस इंटरफेस का उपयोग होता है?

(अ) सीरियल इंटरफेस (ब) पैरेलल इंटरफेस

(स) इंटरनल इंटरफेस (द) इनमें से कोई नहीं

उत्तर के लिए कृपया पृष्ठ सं. 159 देखें।

8

सॉफ्टवेअर

360. कंप्यूटर सॉफ्टवेअर क्या है ?

(अ) निर्देशों का समुच्चय (सेट्स ऑफ इंस्ट्रक्शन)

(ब) कंप्यूटर की भाषा

(स) कंप्यूटर के प्रोग्राम (द) इनमें से कोई नहीं

361. सॉफ्टवेअर का क्या काम है ?

(अ) कंप्यूटर चलाना (ब) शतरंज खेलना

(स) हार्डवेअर की गणितीय और तार्किक क्षमता को संपन्न कराना

(द) इनमें से कोई नहीं

362. कंप्यूटर सॉफ्टवेअर को दो वर्गों में वर्गीकृत किया जा सकता है, नाम बताएँ ?

(अ) सिस्टम सॉफ्टवेअर और एप्लिकेशन सॉफ्टवेअर

(ब) हार्ड सॉफ्टवेअर और सॉफ्ट सॉफ्टवेअर

(स) गेम सॉफ्टवेअर और मैथ सॉफ्टवेअर

(द) इनमें से कोई नहीं

363. कंप्यूटर स्वयं सोच नहीं सकता है और न ही निर्णय दे सकता है। इस काम को संपन्न करने के लिए प्रोग्राम की जरूरत पड़ती है। प्रोग्राम क्या है ?

(अ) क्रमवार सजे निर्देशों का एक सेट, जो प्रॉब्लम हल करने के लिए कंप्यूटर का मार्गदर्शन करता है

(ब) सूचनाओं का समूह है

(स) कार्यक्रम की रूपरेखा है

(द) कंप्यूटर चलाने के तौर-तरीके

उत्तर के लिए कृपया पृष्ठ सं. 159 देखें।

364. प्रोग्रामिंग किसे कहते हैं ?
(अ) प्रोग्राम चलाने को (ब) प्रोग्राम बनाने को
(स) प्रोग्राम लिखने की प्रक्रिया को (द) इनमें से कोई नहीं

365. सिस्टम सॉफ्टवेअर किसे कहते हैं ?
(अ) सिस्टम के सॉफ्टवेअर को
(ब) कंप्यूटर के सॉफ्टवेअर को
(स) कंप्यूटर की प्रोसेसिंग क्षमता को बढ़ाने, नियंत्रण करने और चलाने के लिए डिजाइन किए गए प्रोग्राम के संग्रह को
(द) इनमें से कोई नहीं

366. एप्लिकेशन सॉफ्टवेअर किसे कहते हैं ?
(अ) सिस्टम सॉफ्टवेअर का प्रयोग कर कंप्यूटर को प्रॉब्लम हल करने के लिए दिए गए निर्देशों को
(ब) गेम सॉफ्टवेअर चलाने के लिए दिए गए निर्देशों को
(स) प्रोग्राम चलाने के निर्देशों को (द) इनमें से कोई नहीं

367. सिस्टम सॉफ्टवेअर बनाने के लिए प्रोग्रामर को क्या जानना जरूरी होता है ?
(अ) हार्डवेअर (ब) फर्मवेअर
(स) एप्लीवेअर (द) इनमें से कोई नहीं

368. एप्लिकेशन सॉफ्टवेअर बनाने के लिए प्रोग्रामर को हार्डवेअर की अधिकतम जानकारी की आवश्यकता नहीं पड़ती है। एप्लिकेशन सॉफ्टवेअर का एक उदाहरण दें ?
(अ) विंडो (ब) डॉस
(स) कोबोल (द) यूनिक्स

369. कंप्यूटर को भी अभिव्यक्ति के लिए भाषा (लैंग्वेज) की जरूरत पड़ती है। कंप्यूटर के प्रोग्राम की भाषा भिन्न-भिन्न किस्म की होती है। इनमें से एक है मशीन लैंग्वेज। यह क्या है ?
(अ) बाइनरी अंकों के रूप में लिखे गए निर्देशों का एक क्रम
(ब) दशमलव पद्धति में लिखे गए निर्देशों का एक क्रम
(स) मशीन की भाषा (द) इनमें से कोई नहीं

उत्तर के लिए कृपया पृष्ठ सं. 159 देखें।

370. मशीन लैंग्वेज के कौन-कौन से दो हिस्से होते हैं?

(अ) कमांड और ऑपरैंड (ब) प्राइमरी और सेकेंडरी

(स) हार्डवेअर और सॉफ्टवेअर (द) हिंदी और अंग्रेजी

371. 'क्या किया जाना है'—कंप्यूटर को यह निर्देश देनेवाला क्या कहलाता है?

(अ) ऑपरेंड (ब) कमांड

(स) इंटर (द) एक्सिट

372. 'संबंधित डाटा को कहाँ ढूँढ़ा जाना या रखा जाना है'—इस निर्देश को क्या कहते हैं?

(अ) ऑपरैंड (ब) कमांड

(स) इंटर (द) एक्सिट

373. मशीन लैंग्वेज किस पीढ़ी की भाषा है?

(अ) पहली (ब) दूसरी

(स) तीसरी (द) चौथी

374. निर्देशों के लिए संकेत के रूप में अक्षर, अंक (डिजिट) या विशेष कैरेक्टर का उपयोग किस भाषा के लिए किया जाता है?

(अ) मशीन लैंग्वेज (ब) एसेंबली लैंग्वेज

(स) हाई लेवल लैंग्वेज (द) सोर्स लैंग्वेज

375. एसेम्बली लेंग्वेज किस पीढ़ी की भाषा है?

(अ) पहली (ब) दूसरी

(स) तीसरी (द) चौथी

376. मशीन और एसेंबली लैंग्वेज किस किस्म की भाषा हैं?

(अ) उच्च स्तरीय (हाई लेवल)

(ब) निम्न स्तरीय (लो लेवल)

(स) मध्य स्तरीय (द) अति निम्न स्तरीय

377. हर मशीन की अपनी एसेंबली लैंग्वेज होती है; यह किस पर निर्भर करती है?

(अ) प्रोसेसर के आंतरिक शिल्प पर (ब) एसेंबली पर

(स) ट्रांजिस्टर पर (द) वाल्व पर

उत्तर के लिए कृपया पृष्ठ सं. 159 देखें।

378. एसेंबलर का क्या काम है ?

(अ) एसेंबली लैंग्वेज को मशीन लैंग्वेज में बदलना

(ब) मशीन लैंग्वेज को एसेंबली लैंग्वेज में बदलना

(स) जोड़ना (द) इनमें से कोई नहीं

379. हाई लेवल लैंग्वेज किस पीढ़ी की भाषा है ?

(अ) पहली (ब) दूसरी

(स) तीसरी (द) चौथी

380. हाई लेवल लैंग्वेज में ट्रांसलेशन का काम कौन करता है ?

(अ) कंपाइलर (ब) ट्रांसलेटर

(स) एसेंबलर (द) इनमें से कोई नहीं

381. कंपाइलर का क्या काम है ?

(अ) पूरे प्रोग्राम को पहले स्कैन करना फिर मशीन कोड में अनुवाद करना

(ब) सिर्फ अनुवाद करना

(स) सिर्फ स्कैन करना

(द) इनमें से कोई नहीं

382. इंटरप्रेटर हाई लेवल लैंग्वेज ट्रांसलेशन सॉफ्टवेअर है। यह क्या करता है ?

(अ) प्रत्येक पंक्ति का सिंटैक्स एरर चेक करना, फिर मशीन कोड में बदलना

(ब) पहले मशीन कोड में बदलना, फिर सिंटैक्स एरर चेक करना

(स) दोनों (द) इनमें से कोई नहीं

383. निम्नांकित में से कौन तेज गति से सिंटैक्स एरर खत्म करता है ?

(अ) कंपाइलर (ब) इंटरप्रेटर

(स) दोनों (द) इनमें से कोई नहीं

384. 4 G L किसका संक्षिप्त रूप है ?

(अ) 4 ग्रीन लाइन (ब) 4 ग्रुप लीडर

(स) 4 जेनरेशन लैंग्वेज (द) इनमें से कोई नहीं

385. चौथी पीढ़ी की भाषा (फोर्थ जेनरेशन लैंग्वेज) अधिकांशतः·········

उत्तर के लिए कृपया पृष्ठ सं. 159 व 160 देखें।

होती है ?

(अ) मशीन आधारित (मशीन डिपेंडेंट)

(ब) मशीन से मुक्त (मशीन इंडिपेंडेंट)

(स) प्रोसेसर आधारित (द) इनमें से कोई नहीं

386. फोर्थ जेनरेशन लैंग्वेज किस लेवल की भाषा है ?

(अ) निम्न स्तर (ब) उच्च स्तर

(स) मध्य स्तर (द) इनमें से कोई नहीं

387. कंप्यूटर में फीड की गई सूचना को क्या कहते हैं ?

(अ) डाटा (ब) वर्ड

(स) इन्फॉर्मेशन (द) इनमें से कोई नहीं

388. सिस्टम सॉफ्टवेअर कितने प्रकार के होते हैं, नाम बताएँ ?

(अ) अच्छा और खराब

(ब) प्रथम पीढ़ी और दूसरी पीढ़ी वाले

(स) सिंगल यूजर और मल्टि यूजर (द) इनमें से कोई नहीं

389. DOS किस प्रकार का सिस्टम सॉफ्टवेअर है ?

(अ) सिंगल यूजर (ब) मल्टि यूजर

(स) डबल यूजर (द) इनमें से कोई नहीं

390. U N I X किस प्रकार का सिस्टम सॉफ्टवेअर है ?

(अ) सिंगल यूजर (ब) मल्टि यूजर

(स) डबल यूजर (द) इनमें से कोई नहीं

391. जिस प्रोग्राम की मदद से हार्डवेअर ठीक किया जाता है, वह क्या कहलाता है ?

(अ) यूटिलिटिज़ (ब) कंपाइलर

(स) इंटरप्रेटर (द) एसेंबलर

392. लो लेवल लैंग्वेज का उपयोग किस काम में किया जाता है ?

(अ) एप्लिकेशन सॉफ्टवेअर निर्माण

(ब) सिस्टम सॉफ्टवेअर निर्माण

(स) दोनों (द) इनमें से कोई नहीं

393. हाई लेवल लैंग्वेज का उपयोग किस काम में किया जाता है ?

उत्तर के लिए कृपया पृष्ठ सं. 160 देखें।

(अ) एप्लिकेशन सॉफ्टवेअर निर्माण

(ब) सिस्टम सॉफ्टवेअर निर्माण

(स) दोनों (द) इनमें से कोई नहीं

394. डाटा के समूह को क्या कहते हैं ?

(अ) लैंग्वेज (ब) ग्रुप ऑफ डाटा

(स) रिकॉर्ड (द) इनमें से कोई नहीं

395. फाइल किसे कहते हैं ?

(अ) डाटा के समूह को (ब) संख्या समूह को

(स) रिकॉर्ड के समूह को (द) इनमें से कोई नहीं

396. हर मेमोरी लोकेशन में इन्फॉर्मेशन की कुछ मात्रा संगृहीत होती है। प्रत्येक मेमोरी लोकेशन को एक नाम दिया जाता है। इस मेमोरी लोकेशन को क्या कहते हैं ?

(अ) वैरिएबल (ब) एरे

(स) कॉन्स्टैंट (द) डाटा

397. प्रोग्राम के एक्सक्यूट होते समय स्थितियाँ बदलती रहती हैं। हर स्थितियों में कोई-न-कोई वैल्यू एकत्रित रहती है। प्रोग्राम की ये स्थितियाँ क्या कहलाती हैं ?

(अ) वैरिएबल (ब) एरे

(स) कॉन्स्टेंट (द) डाटा

398. किसी प्रोग्राम के एक्सक्यूट होते समय जिसकी वैल्यू स्थिर रहती है, क्या कहलाती है ?

(अ) वैरिएबल (ब) कॉन्स्टेंट

(स) एरे (द) डाटा टाइप

399. स्ट्रिंग कॉन्स्टेंट अक्षरों (कैरेक्टरर्स) का एक समूह होता है। इसकी क्या विशेषता है ?

(अ) अक्षर " " में बंद होते हैं (ब) अक्षर ( ) में बंद होते हैं

(स) रस्सी में बँधे होते हैं (द) इनमें से कोई नहीं

400. जिस कॉन्स्टेंट के तहत ऐसी संख्याएँ आती हैं, जिनमें दशमलव का प्रयोग नहीं होता है, उन्हें क्या कहते हैं ?

उत्तर के लिए कृपया पृष्ठ सं. 160 देखें।

(अ) इंटिगर कॉन्स्टेंट (ब) स्ट्रिंग
(स) रीयल नंबर (द) वैरिएबल

401. मेन मेमोरी में संगृहीत एक ही किस्म के डाटा के समूह को (जिसका एक ही नाम होता है।) क्या कहते हैं ?
(अ) वैरिएबल (ब) कॉन्स्टेंट
(स) एरे (द) डाटा टाइप

402. बेसिक लैंग्वेज में जिन संकेतों (Symbols) के प्रयोग किए जाते हैं, क्या कहलाते हैं ?
(अ) वैरिएबल (ब) एरे
(स) एक्सप्रेशंस (द) डाटा टाइप

403. एस्सप्रेशंस कितने प्रकार के होते हैं ?
(अ) एक (ब) दो
(स) तीन (द) चार

404. जोड़ने-घटाने, गुणा करने-भाग देने आदि के लिए किस ऑपरेटर का उपयोग करते हैं ?
(अ) अरिथमेटिक (ब) रिलेशनल
(स) लॉजिकल (द) फंक्शनल

405. तार्किक संबंधों को व्यक्त करने के लिए किस ऑपरेटर का प्रयोग करते हैं ?
(अ) अरिथमेटिक (ब) रिलेशनल
(स) लॉजिकल (द) फंक्शनल

406. AND, OR और NOT किस ऑपरेटर के अंतर्गत प्रयुक्त होते हैं ?
(अ) अरिथमेटिक (ब) रिलेशनल
(स) लॉजिकल (द) फंक्शनल

407. Max और Min किस ऑपरेटर के अंतर्गत प्रयुक्त होते हैं ?
(अ) अरिथमेटिक (ब) रिलेशनल
(स) लॉजिकल (द) फंक्शनल

408. स्टेटमेंट क्या है ?
(अ) कंप्यूटर का वक्तव्य (ब) प्रोग्राम कमांड की एकल इकाई

उत्तर के लिए कृपया पृष्ठ सं. 160 देखें।

(स) एक प्रकार का प्रोग्राम (द) इनमें से कोई नहीं

409. किसी वैरिएबल द्वारा वैल्यू निर्धारित करने में किस स्टेटमेंट का प्रयोग करते हैं ?

(अ) LET (ब) REM

(स) READ (द) DATA

410. प्रोग्राम की शुरुआत या बीच में रिमार्क अथवा कमेंट लिखने के लिए किस स्टेटमेंट का प्रयोग करते हैं ?

(अ) LET (ब) REM

(स) READ (द) DATA

411. डाटा फीड करने के लिए किस स्टेटमेंट का प्रयोग करते हैं ?

(अ) LET (ब) INPUT

(स) REM (द) DATA

412. READ और DATA स्टेटमेंट का प्रयोग एक साथ किया जाता है, READ स्टेटमेंट से क्या परिभाषित किया जाता है ?

(अ) वैल्यू (ब) वैरिएबल

(स) मेमोरी (द) इनमें से कोई नहीं

413. DATA स्टेटमेंट से क्या परिभाषित किया जाता है ?

(अ) मेमोरी (ब) वैरिएबल

(स) वैल्यू (द) इनमें से कोई नहीं

414. READ और DATA स्टेटमेंट के साथ योजक के तौर पर किस स्टेटमेंट का प्रयोग होता है ?

(अ) RESTORE (ब) INPUT

(स) REM (द) STOP

415. प्रोग्राम का परिणाम देखने में किस स्टेटमेंट का प्रयोग होता है ?

(अ) END (ब) STOP

(स) REM (द) PRINT

416. प्रोग्राम की अंतिम पंक्ति में किस स्टेटमेंट का प्रयोग होता है ?

(अ) END (ब) STOP

(स) REM (द) PRINT

उत्तर के लिए कृपया पृष्ठ सं. 160 देखें।

417. प्रोग्राम के एक्सक्यूशन को बीच में रोकने के लिए किस स्टेटमेंट का प्रयोग किया जाता है?

(अ) END (ब) STOP

(स) REM (द) PRINT

418. प्रोग्राम में विभिन्न स्थानों से एक्सक्यूट किए जा सकनेवाले ग्रुप स्टेटमेंट को क्या कहते हैं?

(अ) रूटीन (ब) सब-रूटीन

(स) फंक्शन (द) सब-फंक्शन

419. प्रोग्रामिंग में फंक्शन का काम वही होता है जो गणित में होता है। फंक्शन क्या है?

(अ) नियमों की शृंखला (ब) वैल्यू

(स) वैरिएबल (द) डाटा

420. सब-रूटीन और फंक्शन एक लैंग्वेज से दूसरे लैंग्वेज में—

(अ) बदल जाते हैं (ब) नहीं बदलते हैं

(स) कभी-कभी बदलते हैं (द) इनमें से कोई नहीं

उत्तर के लिए कृपया पृष्ठ सं. 160 देखें।

9

ऑपरेटिंग सिस्टम

421. ऑपरेटिंग सिस्टम किस किस्म का सॉफ्टवेअर है ?

(अ) एप्लिकेशन सॉफ्टवेअर (ब) सिस्टम सॉफ्टवेअर

(स) इंटरएक्टिव सॉफ्टवेअर (द) एक्टिव सॉफ्टवेअर

422. कंप्यूटर संसाधनों—मेमोरी, प्रोसेसर, फाइल सिस्टम और इनपुट / आउटपुट डिवाइस का प्रभावी प्रबंधन करनेवाला सिस्टम सॉफ्टवेअर क्या कहलाता है ?

(अ) कमांड सिस्टम (ब) मैनेजमेंट सिस्टम

(स) ऑपरेटिंग सिस्टम (द) कोरपोरेट सिस्टम

423. कंप्यूटर सिस्टम को संचालित (ऑपरेट) करने के लिए सबसे ज्यादा जरूरी क्या है ?

(अ) ऑपरेटिंग सिस्टम (ब) मैनेजमेंट सिस्टम

(स) कोरपोरेट सिस्टम (द) कमांड सिस्टम

424. ऑपरेटिंग सिस्टम हार्डवेअर और उपयोक्ता के बीच किसका काम करता है ?

(अ) लिंक (ब) कनेक्टिविटी

(स) इंटरफेस (द) मॉडल

425. ऑपरेटिंग सिस्टम का प्राथमिक उद्देश्य क्या है ?

(अ) कंप्यूटर को सहज इस्तेमाल लायक बनाना और हार्डवेअर का दक्षतापूर्ण उपयोग

(ब) मेमोरी बढ़ाना (स) फाइल प्रबंधन (द) संदेश देना

426. सिस्टम कॉल क्या करता है ?

(अ) चलते हुए प्रोग्राम और ऑपरेटिंग सिस्टम के बीच इंटरफेस का

उत्तर के लिए कृपया पृष्ठ सं. 160 देखें।

काम

(ब) सिस्टम को बुलाता है

(स) सिस्टम को चलाता है (द) इनमें से कोई नहीं

427. यूजर प्रोग्राम किसके द्वारा ऑपरेटिंग सिस्टम की सेवाएँ प्राप्त करता है?

(अ) कंपाइलर (ब) लोडर

(स) सिस्टम कॉल के समूह (द) इनमें से कोई नहीं

428. उपयोक्ता सिस्टम कॉल के अलावा और किसकी मदद से ऑपरेटिंग सिस्टम से इंटरएक्ट कर सकता है?

(अ) सोर्स फाइल (ब) डेस्टिनेशन फाइल

(स) ऑपरेटिंग सिस्टम कमांड (द) प्रोसेसर

429. सीरियल प्रोसेसिंग के बारे में कौन सी बात असत्य है?

(अ) एडिटर यूजर प्रोग्राम का सोर्स कोड बनाता है

(ब) ट्रांसलेटर सोर्स कोड को बाइनरी कोड में बदलता है

(स) लोडर प्रोग्राम को मेन मेमोरी में लोड करता है

(द) यदि सिनटैक्स एरर का पता चलता है तो पूरी प्रक्रिया को फिर से शुरू करने की जरूरत नहीं पड़ती है

430. बैच प्रोसेसिंग के बारे में कौन सी बात असत्य है?

(अ) एक समयावधि में डाटा संग्रह किया जाता है

(ब) यह अवधि घंटे, दिन या महीने में हो सकती है

(स) प्राप्त डाटा के संपूर्ण संग्रह को कंप्यूटर में फीड कर दिया जाता है

(द) सारे डाटा को कंप्यूटर में फीड नहीं किया जाता है

431. बफरिंग और स्पूलिंग दोनों ओवरलैपिंग करने की एक प्रणाली है। इनसे संबंधित कौन सा तथ्य असत्य है?

(अ) बफरिंग के अंतर्गत एक बार में एक ही काम की प्रोसेसिंग, इनपुट या आउटपुट की ओवरलैपिंग संभव है

(ब) स्पूलिंग के अंतर्गत एक साथ दो काम मुमकिन हैं। स्पूलर एक ओर एक काम के इनपुट को पढ़ता है तो दूसरी ओर दूसरे काम के आउटपुट को प्रिंट भी करता है

उत्तर के लिए कृपया पृष्ठ सं. 160 देखें।

(स) स्पूलिंग का पूर्ण रूप है— 'साइमलटेनियस पेरिफेरल ऑपरेशन ऑन लाइन'

(द) स्पूलर स्कैनिंग का काम करने में सक्षम होता है

432. जब कंप्यूटर की मेन मेमोरी में एक से अधिक प्रोग्राम चलते हैं तब इस क्रिया को क्या कहते हैं ?

(अ) स्पूलिंग (ब) बफरिंग

(स) मल्टि प्रोग्रामिंग (द) सीरियल प्रोसेसिंग

433. टास्क क्या है ?

(अ) प्रोग्राम की चलती हुई स्थिति (रनिंग स्टेट ऑफ प्रोग्राम)

(ब) कंप्यूटर का सबक

(स) कंप्यूटर का काम (द) इनमें से कोई नहीं

434. कौन सा ऑपरेटिंग सिस्टम एक साथ दो या इससे अधिक टास्क को संपन्न करने में मदद करता है ?

(अ) मल्टि यूजर (ब) रीयल टाइम

(स) मल्टि टास्किंग (द) टाईम शेयरिंग

435. किस ऑपरेटिंग सिस्टम के अंतर्गत दो या इससे अधिक टर्मिनल प्रयुक्त होते हैं ?

(अ) मल्टि टास्किंग (ब) मल्टि यूजर

(स) टाइम शेयरिंग (द) रीयल टाइम

436. टाइम शेयरिंग सिस्टम के बारे में कौन सी बात सत्य है ?

(अ) यह नेटवर्क पर आधारित है

(ब) यह प्राथमिकता के आधार पर काम करता है

(स) प्रत्येक काम को समान टाइम स्लॉट दिया जाता है

(द) इनमें से कोई नहीं

437. रीयल टाइम सिस्टम का प्राथमिक उद्देश्य क्या है ?

(अ) टाइम बताना (ब) समय जाँच करना

(स) क्विक रिस्पाँस टाइम प्रदान करना

(द) इनमें से कोई नहीं

438. रीयल टाइम सिस्टम के बारे में कौन सी बात सत्य है ?

उत्तर के लिए कृपया पृष्ठ सं. 160 देखें।

(अ) उच्च प्राथमिकता वाले काम को पहले संपन्न किया जाता है
(ब) यह प्राथमिकता आधारित नहीं है
(स) प्रत्येक काम को समान टाइम स्लॉट मिलता है
(द) इनमें से कोई नहीं

439. नेटवर्क आपरेटिंग सिस्टम सॉफ्टवेअर और उससे जुड़े प्रोटोकॉल का एक संग्रह है। इस सिस्टम से संबंधित कौन सी बात असत्य है?
(अ) हर कंप्यूटर के पास अपना ऑपरेटिंग सिस्टम होता है
(ब) उपयोक्ता होस्ट के विभिन्न संसाधनों तक अपनी पहुँच बना सकता है
(स) एक्सेस को नियंत्रित किया जा सकता है
(द) एक्सेस को नियंत्रित नहीं किया जा सकता

440. डिस्ट्रिब्यूटेड ऑपरेटिंग सिस्टम के बारे में कौन सी बात सत्य है?
(अ) ऑपरेटिंग सिस्टम केंद्रीकृत होता है
(ब) ऑपरेटिंग सिस्टम कई होते हैं
(स) यह एक प्रोसेसर आधारित होता है
(द) इनमें से कोई नहीं

441. C लैंग्वेज में लिखा जानेवाला प्रथम ऑपरेटिंग सिस्टम कौन सा था?
(अ) डॉस (ब) यूनिक्स
(स) पास्कल (द) कोबोल

उत्तर के लिए कृपया पृष्ठ सं. 161 देखें।

10

डाटा संचार (कम्यूनिकेशन)

442. सफल डाटा संचारण के लिए प्रेषक (सेंडर्स) और प्राप्तकर्ता (रिसीवर्स) दोनों को किस तरह के कोड प्रयोग करने चाहिए?

(अ) समान (ब) असमान

(स) दोनों (द) दोनों में से कोई नहीं

443. प्रेषक के डाटा को प्राप्तकर्ता के समझने लायक कोड में कौन बदलता है?

(अ) कंप्यूटर (ब) सी.पी.यू.

(स) ट्रांसलेटर (द) रिसीवर

444. दो कंप्यूटर जिस रफ्तार पर डाटा की अदला-बदली करते हैं या संप्रेषित करते हैं, उसे क्या कहते हैं?

(अ) कम्यूनिकेशन स्पीड या रेट (ब) एक्सचेंज रेट

(स) कंप्यूटर स्पीड (द) कंप्यूटर रेट

445. डाटा संचारण के रफ्तार मापने की इकाई क्या है?

(अ) बिट्स पर सेकंड (bps) (ब) डाटा पर सेकंड (dps)

(स) कैरेक्टर पर सेकंड (cps) (द) कोई नहीं

446. दो या अधिक प्वाइंट के बीच स्थायी तौर पर जुड़े हुए सर्किट को क्या कहते हैं?

(अ) स्विच्ड चैनल (ब) प्राइवेट लीज्ड लाइन

(स) परमानेंट चैनल (द) इनमें से कोई नहीं

447. स्विच्ड लाइन या डायल अप लाइन का उपयोग कौन कर सकता है?

(अ) लीजिंग पार्टी (ब) कोई भी उपभोक्ता

(स) विशेष उपभोक्ता (द) इनमें से कोई नहीं

उत्तर के लिए कृपया पृष्ठ सं. 161 देखें।

448. किस डाटा ट्रांसमिशन के अंतर्गत एक बार में एक ही कैरेक्टर ट्रांसफर होता है?

(अ) सीरियल डाटा ट्रांसमिशन (ब) पैरेलल डाटा ट्रांसमिशन

(स) एनालॉग ट्रांसमिशन (द) मल्टि ट्रांसमिशन

449. किस डाटा ट्रांसमिशन के अंतर्गत सूचना की प्रत्येक बिट क्रम से भेजी जाती है?

(अ) सीरियल डाटा ट्रांसमिशन (ब) पैरेलल डाटा ट्रांसमिशन

(स) एनलॉग ट्रांसमिशन (द) मल्टि ट्रांसमिशन

450. डाटा कम्यूनिकेशन के लिए चैनल का उपयोग करनेवाले उपयोक्ता को शुल्क देना पड़ता है। शुल्क सूची (टैरिफ) बनाने में कुछ बातें ध्यान में रखी जाती हैं। निम्नांकित में कौन असत्य है?

(अ) स्थानांतरित हुए डाटा की मात्रा (ब) संचार दर

(स) समय (द) कंप्यूटर का ब्रांड

451. उपकरणों के बीच सिग्नल प्रेषण (ट्रांसमिशन) और प्राप्ति (रिसेप्शन) की अदला-बदली के लिए तय किए गए दिशा-निर्देश क्या कहलाते हैं?

(अ) गाइड लाइंस (ब) कम्यूनिकेशन प्रोटोकॉल

(स) रेगुलेटर (द) लीडर

452. निम्नांकित में से क्या कम्यूनिकेशन प्रोटोकॉल के अंतर्गत नहीं आता है?

(अ) सूचना स्थानांतरण का नियंत्रण

(ब) डाटा का स्ट्रक्चर और फॉरमैट

(स) एरर रिकवरी (द) मैटर मैनेजमेंट

453. दो कंप्यूटरों के बीच बिट्स या कैरेक्टर चैनल अथवा लाइन के जरिए ही प्रसारित हो, इसके लिए किस किस्म के प्रोटोकॉल की जरूरत पड़ती है?

(अ) टॉप लेवल (ब) लो लेवल

(स) लिंक लेवल (द) इनमें से कोई नहीं

454. लिंक लेवल प्रोटोकॉल दो प्रकार के होते हैं, नाम बताएँ?

(अ) टॉप और लो (ब) डिजिटल और एनालॉग

(स) बाइनरी सिन्क्रोनस और हाईलेवल डाटा लिंक कंट्रोल

(द) इनमें से कोई नहीं

उत्तर के लिए कृपया पृष्ठ सं. 161 देखें।

455. बाइनरी सिन्क्रोनस (B I S Y N C) किस पर आधारित है ?

(अ) कैरेक्टर कंट्रोल (ब) बिट

(स) दोनों (द) दोनों में से कोई नहीं

456. हाई लेवल डाटा लिंक कंट्रोल (H D L C) किस पर आधारित है ?

(अ) कैरेक्टर कंट्रोल (ब) बिट

(स) दोनों (द) दोनों में से कोई नहीं

457. सिन्क्रोनस ट्रांसमिशन के अंतर्गत कैरेक्टर्स किस रूप में भेजे जाते हैं ?

(अ) एक-एक करके (ब) ग्रुप में

(स) दोनों ही रूपों में (द) इनमें से कोई नहीं

458. सिन्क्रोनस पद्धति में कैरेक्टर्स के बीच का अंतराल किस प्रकार का होता है ?

(अ) एक समान (ब) असमान

(स) दोनों ही तरह का (द) इनमें से कोई नहीं

459. एसिन्क्रोनस ट्रांसमिशन में कैरेक्टर्स किस रूप में भेजे जाते हैं ?

(अ) प्रत्येक कैरेक्टर अलग-अलग यानी एक बार में एक कैरेक्टर

(ब) सारे कैरेक्टर एक साथ

(स) दोनों ही तरीके से (द) इनमें से कोई नहीं

460. किस पद्धति में हर कैरेक्टर स्टार्ट बिट से शुरू होता है और स्टॉप बिट से समाप्त होता है ?

(अ) सिन्क्रोनस ट्रांसमिशन (ब) एसिन्क्रोनस ट्रांसमिशन

(स) इलेक्ट्रॉनिक ट्रांसमिशन (द) मेकैनिकल ट्रांसमिशन

461. किस पद्धति (Mode) में कम्यूनिकेशन चैनल एक दिशा में प्रयुक्त होता है ?

(अ) सिंप्लेक्स (ब) हाफ डुप्लेक्स

(स) फुल डुप्लेक्स (द) डुप्लेक्स

462. किस पद्धति में कम्यूनिकेशन चैनल दोनों दिशाओं में प्रयुक्त होता है, मगर एक समय में एक ही दिशा में ?

(अ) सिंप्लेक्स (ब) हाफ डुप्लेक्स

(स) फुल डुप्लेक्स (द) इनमें से कोई नहीं

उत्तर के लिए कृपया पृष्ठ सं. 161 देखें।

463. किस पद्धति में कम्यूनिकेशन चैनल एक ही समय में दोनों दिशाओं में प्रयुक्त होता है ?

(अ) सिंप्लेक्स (ब) हाफ डुप्लेक्स

(स) फुल डुप्लेक्स (द) इनमें से कोई नहीं

464. टेलीफोन किस संचार पद्धति पर काम करता है ?

(अ) सिंप्लेक्स (ब) हाफ सिंप्लेक्स

(स) हाफ डुप्लेक्स (द) फुल डुप्लेक्स

465. हाफ डुप्लेक्स पद्धति पर काम करनेवाले उपकरण को पहचानिए ?

(अ) टेलीफोन (ब) वाकी-टाकी

(स) टेलीविजन (द) टेली प्रिंटर

466. एक डाटा कम्यूनिकेशन नेटवर्क में संप्रेषण के लिए उपयोग में लाए जानेवाले उपकरण क्या कहलाते हैं ?

(अ) पावर स्टेशन (ब) वर्क स्टेशन

(स) रेलवे स्टेशन (द) बस स्टेशन

467. कंप्यूटर, टर्मिनल, प्रिंटर, स्कैनर और अन्य संप्रेषण उपकरण किसके अंतर्गत आते हैं ?

(अ) रेलवे स्टेशन (ब) स्टेशनरी

(स) वर्क स्टेशन (द) पावर स्टेशन

468. डाटा कम्यूनिकेशन नेटवर्क में प्रत्येक वर्क स्टेशन किससे जुड़ा रहता है ?

(अ) नोड (ब) नॉब

(स) स्क्रू (द) नेल

469. मल्टि प्लेक्सिंग क्या है ?

(अ) डाटा ट्रांसफर के लिए एक नेटवर्क प्रविधि

(ब) डाटा स्टोर करने के लिए नेटवर्क प्रविधि

(स) कई सारे कंप्यूटरों का आपसी जुड़ाव

(द) इनमें से कोई नहीं

470. एक ही समय पर एक चैनल पर अनेक सूचनाओं का आदान-प्रदान किसकी मदद से संभव हो पाता है ?

(अ) परप्लेक्सर (ब) मल्टि प्लेक्सर

उत्तर के लिए कृपया पृष्ठ सं. 161 देखें।

(स) कंप्लेक्स (द) डुप्लेक्स

471. डिजिटल संकेत को एनालॉग संकेत में और प्राप्ति स्थल (रिसीविंग एंड) पर एनालॉग संकेत को डिजिटल संकेत में बदलने का काम किस उपकरण का है ?

(अ) मल्टि प्लेक्सर (ब) मोडम

(स) कोडेक (द) चैनल

472. छोटी दूरी के लिए डिजिटल संकेतों के संप्रेषण के काम के लिए किस उपकरण का प्रयोग होता है ?

(अ) लाइन ड्राइवर (ब) डाटा ड्राइवर

(स) सिग्नल ड्राइवर (द) मोडम ड्राइवर

473. लाइन ड्राइवर की डाटा स्थानांतरण दर (अधिकतम) कितनी हो सकती है ?

(अ) 1000 bps (ब) 2000 bps

(स) 5000 bps (द) 19200 bps

474. कंप्यूटर की किसी फाइल को टेलीफोन के जरिए दूसरे कंप्यूटर में भेजने के लिए तथा दूसरे कंप्यूटर द्वारा भेजी गई फाइल को प्राप्त करने के लिए किसका प्रयोग होता है ?

(अ) टेलीग्राफ (ब) टेलीप्रिंटर

(स) मोडम (द) टेलीग्राम

475. कोई भी सूचना एक कंप्यूटर से दूसरे कंप्यूटर में जिस गति से जाती है उस गति को क्या कहते हैं ?

(अ) बॉड दर (ब) रफ्तार

(स) रन रेट (द) इनमें से कोई नहीं

476. किसी दूसरे कंप्यूटर द्वारा भेजी गई सूचना को अपने कंप्यूटर में प्राप्त करने की प्रक्रिया क्या कहलाती है ?

(अ) मॉडुलेशन (ब) डिमॉडुलेशन

(स) रिसेप्शन (द) इनमें से कोई नहीं

477. मोडम को कंप्यूटर के किस भाग से जोड़ते हैं ?

(अ) सीरियल पोर्ट्स (ब) लाइन पोर्ट्स

उत्तर के लिए कृपया पृष्ठ सं. 161 देखें।

(स) प्लग (द) सॉकेट

478. सामान्यतः पर्सनल कंप्यूटर के साथ जोड़ा जानेवाला मोडम किस प्रकार का होता है ?

(अ) सिन्क्रोनस (ब) एसिन्क्रोनस

(स) ऑटोसिन्क्रोनस (द) इनमें से कोई नहीं

479. मेनफ्रेम कंप्यूटर में किस प्रकार का मोडम प्रयुक्त होता है ?

(अ) एसिन्क्रोनस (ब) ऑटो सिन्क्रोनस

(स) सिन्क्रोनस (द) इनमें से कोई नहीं

480. मोडम जिस संकेत को टेलीफोन लाइन के जरिए भेजता है उसे क्या कहते हैं ?

(अ) फ्रीक्वेंसी मॉडुलेशन (ब) एंप्लीट्यूड मॉडुलेशन

(स) फेज मॉडुलेशन (द) इनमें से कोई नहीं

481. आवृति (फ्रीक्वेंसी) की मदद से सूचना भेजा जाना किस प्रकार के मॉडुलेशन के अंतर्गत संभव है ?

(अ) फ्रीक्वेंसी मॉडुलेशन (ब) एंप्लीट्यूड मॉडुलेशन

(स) फेज मॉडुलेशन (द) इनमें से कोई नहीं

482. मोडम द्वारा किसी सूचना या संकेत को तरंगों के माध्यम से भेजा जाना क्या कहलाता है ?

(अ) फ्रीक्वेंसी मॉडुलेशन (ब) एंप्लीट्यूड मॉडुलेशन

(स) फेज मॉडुलेशन (द) इनमें से कोई नहीं

483. डाटा भेजने के लिए सबसे मूलभूत हार्डवेयर मीडिया होता है। छोटी दूरी (50 मीटर तक) के लिए किस प्रकार के मीडिया की जरूरत पड़ती है ?

(अ) दो तारों वाली खुली लाइन (ब) कोएक्सियल केबल

(स) ऑप्टिक केबल (द) रेडियो चैनल

484. 1 कि.मी. दूरी तक सूचना के आदान-प्रदान के लिए किस प्रकार के मीडिया की जरूरत पड़ेगी ?

(अ) दो तारों वाली खुली लाइन (ब) ट्विस्टेड पेयर केबल

(स) कोएक्सियल केबल (द) माइक्रोवेव

485. ट्विस्टेड पेयर केबल का व्यापक इस्तेमाल किसमें किया जाता है ?

उत्तर के लिए कृपया पृष्ठ सं. 161 देखें।

(अ) टेलीफोन नेटवर्क (ब) टेलीविजन नेटवर्क
(स) न्यूज नेटवर्क (द) प्रिंटर नेटवर्क

486. कोएक्सियल केबल का उपयोग किसमें किया जाता है ?
(अ) टेलीफोन नेटवर्क (ब) केबल टी.वी. नेटवर्क
(स) न्यूज नेटवर्क (द) इनमें से कोई नहीं

487. कोएक्सियल केबल का व्यास जितना ज्यादा होगा,.........उतना ही कम होगा।
(अ) विद्युत् खपत (ब) ट्रांसमिशन लॉस
(स) जेनरेशन लॉस (द) धन क्षति

488. फाइबर ऑप्टिक केबल में संकेत किस रूप में प्रवाहित होता है ?
(अ) अनियमित प्रकाश (फ्लक्चुएटिंग लाइन)
(ब) रेगुलर लाइट
(स) विद्युत् (द) इनमें से कोई नहीं

489. विद्युत् संकेत की तुलना में किसका बैंडविड्थ ज्यादा चौड़ा होता है ?
(अ) प्रकाश तरंग (ब) ध्वनि तरंग
(स) दोनों (द) इन दोनों में कोई नहीं

490. सूचना प्रसार के लिए रेडियो, माइक्रोवेव और सैटेलाइट चैनल खुले अंतरिक्ष में किसका उपयोग करते हैं ?
(अ) चुंबकीय प्रसारण (ब) विद्युत् चुंबकीय प्रसारण
(स) ध्वनि प्रसारण (द) इनमें से कोई नहीं

491. रेडियो फ्रीक्वेंसी किसे कहते हैं ?
(अ) 1000 मेगा हट्र्ज से कम की आवृत्तियाँ
(ब) 1500 मेगा हट्र्ज से कम की आवृत्तियाँ
(स) 1000 मेगा हट्र्ज से कम की आवृत्तियाँ
(द) इनमें से कोई नहीं

492. माइक्रोवेव लिंक में रिपीटर कितनी दूरी पर लगे होते हैं ?
(अ) 100–200 कि.मी. (ब) 300–400 कि.मी
(स) 200–400 कि.मी. (द) इनमें से कोई नहीं

493. 1000 मेगा हट्र्ज से ऊपर की आवृत्तियाँ किसके अंतर्गत आती हैं ?

उत्तर के लिए कृपया पृष्ठ सं. 161 देखें।

(अ) रेडियो फ्रीक्वेंसी
(ब) माइक्रोवेव फ्रीक्वेंसी
(स) सैटेलाइट फ्रीक्वेंसी
(द) इनमें से कोई नहीं

494. सैटेलाइट लिंक किस फ्रीक्वेंसी का उपयोग करता है ?
(अ) 4-12 मेगा हट्र्ज
(ब) 4-8 मेगा हट्र्ज
(स) 4-8 किलो हट्र्ज
(द) 4-8 हट्र्ज

495. सैटेलाइट लिंक में डाटा ट्रांसफर रेट कितना होता है ?
(अ) 1000 Mbps
(ब) 200 Mbps
(स) 3000 Mbps
(द) 4000 Mbps

उत्तर के लिए कृपया पृष्ठ सं. 161 देखें।

11

कंप्यूटर नेटवर्क व्यवस्था

496. दो स्रोतों के बीच सूचनाओं के आदान-प्रदान का माध्यम क्या कहलाता है?

(अ) टीमवर्क (ब) नेटवर्क

(स) होमवर्क (द) हार्डवर्क

497. लैन (L A N) डाटा कम्यूनिकेशन से संबंधित नेटवर्क है। यह किसका संक्षिप्त रूप है?

(अ) लोअर एरिया नेटवर्क (ब) लोकल एरिया न्यूज

(स) लोकल एरिया नेटवर्क (द) लैंड एरिया नेटवर्क

498. लैन नेटवर्क कितनी दूरी तक काम कर सकता है?

(अ) 2-5 कि.मी. (ब) 5-10 कि.मी.

(स) 100 मीटर-500 मीटर (द) 1000 मीटर तक

499. निम्नांकित में से कौन लैन की विशेषता नहीं है?

(अ) सूचना के आदान-प्रदान की दर उच्च होती है

(ब) सूचना का आदान-प्रदान किसी भी दूरी के लिए मुमकिन है

(स) नेटवर्क सेट करने का खर्चा आमतौर पर कम होता है

(द) नेटवर्क से जुड़ा कोई भी उपकरण एक-दूसरे से संसूचित नहीं हो सकता है

500. लैन टोपोलॉजी कितने प्रकार की होती है?

(अ) एक (ब) दो

(स) तीन (द) चार

501. लैन टोपोलॉजी के नाम बताएँ?

(अ) स्टार, बस और रिंग (ब) मून, स्टार और रिंग

उत्तर के लिए कृपया पृष्ठ सं. 161 देखें।

(स) सन, बस और रिंग (द) सन, मून और स्टार

502. किस प्रकार की टोपोग्राफी के अंतर्गत स्टेशन और केंद्रीय स्टेशन को जोड़नेवाली कड़ी 'प्वाइंट टू प्वाइंट' हो सकती है?

(अ) बस (ब) स्टार

(स) रिंग (द) सर्किल

503. किस प्रकार की टोपोग्राफी के अंतर्गत सभी स्टेशन एक ही संचार पथ (कम्यूनिकेशन लाइन) से जुड़े होते हैं?

(अ) बस (ब) स्टार

(स) रिंग (द) सर्किल

504. एकल संचार पथ (सिंगल कम्यूनिकेशन लाईन) को क्या कहा जाता है?

(अ) स्टार (ब) रिंग

(स) बस (द) वर्ग

505. किस प्रकार की टोपोग्राफी वृत्ताकार होती है और सूचना का प्रवाह एक ही दिशा में होता है?

(अ) बस (ब) स्टार

(स) रिंग (द) सर्किल

506. वर्क स्टेशन जिस माध्यम से सूचना के प्रसार के लिए सामान्य चैनल का उपयोग करते हैं, वे क्या कहलाते हैं?

(अ) रिसीविंग मेथड (ब) एक्सेस मेथड

(स) सेंडिंग मेथड (द) इनमें से कोई नहीं

507. C S M A / C D एक प्रकार का एक्सेस मेथड है। इसका पूर्ण रूप क्या है?

(अ) कैरियर सेंस मीटर एजेंसी विथ कैरियर डिफेंस

(ब) कैरियर सेंस मल्टिपल एक्सेस विथ कोलिशन डिटेक्शन

(स) कैरियर सेंस मोटर एक्सेस विथ कैल्शियम डिटेक्शन

(द) इनमें से कोई नहीं

508. C S M A के अंतर्गत बस किस मोड में काम करता है?

(अ) सिंगल एक्सेस (ब) डबल एक्सेस

(स) मल्टिपल एक्सेस (द) इनमें से कोई नहीं

उत्तर के लिए कृपया पृष्ठ सं. 162 देखें।

509. C S M A के अतंर्गत इन्फॉर्मेशन फ्रेम के टकराव (कॉलिशन) का पता किसके जरिए चलता है?

(अ) ट्रांसमिटिंग नोड (ब) रिसीविंग नोड

(स) सेंडिंग नोड (द) इनमें से कोई नहीं

510. टोकेन पासिंग भी एक अन्य प्रकार का एक्सेस मेथड है। इसके अंतर्गत किसकी मदद से शेयर्ड मीडियम में एक्सेस कंट्रोल होता है?

(अ) कोड (ब) कंट्रोल टोकेन

(स) कनेक्टर (द) ट्रांसमीटर

511. किस एक्सेस मेथड के अंतर्गत सभी नोड मिलकर एक रिंग बनाते हैं?

(अ) टोकन पासिंग (ब) सी.एस.एम.ए.

(स) कोलिशन डिटेक्शन (द) इनमें से कोई नहीं

512. नियमों के उस समुच्चय को क्या कहते हैं जो निर्धारित करते हैं कि एक नेटवर्क में जुड़े सभी नोड का एक-दूसरे से संपर्क होना चाहिए?

(अ) मोड्यूल (ब) इंटरफेस

(स) कम्यूनिकेशन आर्किटेक्चर (द) प्रोटोकॉल

513. असमान मोड्यूल के बीच सूचनाओं के संप्रेषण या आदान-प्रदान के लिए जिम्मेदार नियम क्या कहलाते हैं?

(अ) मोड्यूल (ब) इंटरफेस

(स) कम्यूनिकेशन आर्किटेक्चर (द) प्रोटोकॉल

514. समान मोड्यूल के बीच संचार के नियम क्या कहलाते हैं?

(अ) मोड्यूल (ब) इंटरफेस

(स) प्रोटोकॉल (द) लेयर

515. O S I (ओपेन सिस्टम इंटरकनेक्टिंग) स्टैंडर्ड के तहत कई लेयर होते हैं। खुले सिस्टम में मौजूद एप्लिकेशंस के बीच सेमांटिक आदान-प्रदान में कौन सी लेयर मदद करती है?

(अ) एप्लिकेशन लेयर (ब) प्रेजेंटेशन लेयर

(स) फिजिकल लेयर (द) डाटालिंक लेयर

516. डाटा परिर्वतन और कोड अनुवाद के लिए कौन सी लेयर जिम्मेवार है?

(अ) एप्लिकेशन लेयर (ब) प्रेजेंटेशन लेयर

उत्तर के लिए कृपया पृष्ठ सं. 162 देखें।

(स) फिजिकल लेयर (द) डाटालिंक लेयर

517. एप्लिकेशंस के बीच संरचनात्मक अंत:क्रिया और संगठन के लिए प्रविधि प्रदान करनेवाली लेयर का क्या नाम है ?

(अ) फिजिकल लेयर (ब) सेशन लेयर

(स) डाटालिंक लेयर (द) एप्लिकेशन लेयर

518. डाटा के पारदर्शी और विश्वसनीय स्थानांतरण के लिए जिम्मेवार लेयर के नाम बताएँ ?

(अ) सेशन लेयर (ब) ट्रांसपोर्ट लेयर

(स) डाटालिंक लेयर (द) नेटवर्क लेयर

519. नेटवर्कों के बीच संपर्क स्थापित करने के लिए एजेंट का काम कौन करता है ?

(अ) सेशन लेयर (ब) ट्रांसपोर्ट लेयर

(स) नेटवर्क लेयर (द) डाटालिंक लेयर

520. नेटवर्क के बीच डाटा स्थानांतरण के लिए प्रोटोकॉल और कार्य प्रदान करनेवाली और एरर को पकड़नेवाली लेयर का नाम क्या है ?

(अ) सेशन लेयर (ब) ट्रांसपोर्ट लेयर

(स) नेटवर्क लेयर (द) डाटालिंक लेयर

521. संचार माध्यम में डाटा के भौतिक संप्रेषण के लिए यांत्रिक, विद्युतीय कार्यात्मक और प्रविधि संबंधी मानक निर्धारण के लिए कौन जिम्मेवार है ?

(अ) नेटवर्क लेयर (ब) फिजीकल लेयर

(स) डाटालिंक लेयर (द) ट्रांसपोर्ट लेयर

522. एक माइक्रो कंप्यूटर में 'ऐड ऑन कार्ड' के रूप में किसे इंस्टॉल किया जा सकता है ?

(अ) नेटवर्क इंटरफेस यूनिट (ब) प्रोटोकॉल यूनिट

(स) डाटालिंक लेयर (द) ट्रांसमिशन लेयर

523. एक या अधिक संसाधनों का नियंत्रण करनेवाला समर्पित कंप्यूटर क्या कहलाता है ? इसमें लैन के लिए दोनों ही सॉफ्टवेअर और हार्डवेअर लगे होते हैं।

उत्तर के लिए कृपया पृष्ठ सं. 162 देखें।

(अ) मैनेजर (ब) सर्वर
(स) सिस्टम एनलिस्ट (द) प्रोग्रामर

524. फाइल के लिए स्टोरेज स्पेस शेयर करने के लिए किस सर्वर का प्रयोग किया जाता है?
(अ) फाइल सर्वर (ब) प्रिंटर सर्वर
(स) मोडम सर्वर (द) स्कैनर

525. लैन के अंतर्गत प्रिंटिंग के काम के लिए किस सर्वर का उपयोग किया जाता है?
(अ) फाइल सर्वर (ब) प्रिंटर सर्वर
(स) मोडम सर्वर (द) स्कैनर

526. लैन के अंतर्गत सभी जुड़े हुए वर्क स्टेशनों के द्वारा मोडम और कुछ टेलीफोन लाइन शेयर करने के लिए किस सर्वर का प्रयोग होता है?
(अ) फाइल सर्वर (ब) प्रिंटर सर्वर
(स) मोडम सर्वर (द) स्कैनर

527. WAN (वैन) का पूर्ण रूप क्या है?
(अ) वाइड एरिया नेटवर्क (ब) वाइड एंगल नेटवर्क
(स) वर्ल्ड एक्सेस नेटवर्क (द) इनमें से कोई नहीं

528. वैन क्या है?
(अ) विभिन्न भौगोलिक स्थलों को जोड़नेवाला नेटवर्क
(ब) एक ही शहर के कई कंप्यूटरों का नेटवर्क
(स) एक ही कमरे के कई कंप्यूटरों का नेटवर्क
(द) इनमें से कोई नहीं

529. वैन और लैन के बीच मुख्य अंतर क्या है?
(अ) लैन की रफ्तार वैन से कम होती है
(ब) लैन पर कंप्यूटर के स्वामी का पूर्ण नियंत्रण रहता है, जबकि वैन के लिए एक अन्य सत्ता—टेलीफोन कंपनी को शामिल करना होता है
(स) दोनों ही सत्य हैं (द) दोनों ही असत्य हैं

530. वैन से संबंधित कौन सा तथ्य सत्य नहीं है?

उत्तर के लिए कृपया पृष्ठ सं. 162 देखें।

(अ) लैन की रफ्तार वैन की रफ्तार से कम होती है
(ब) वैन में लैन के मुकाबले एरर की संभावना ज्यादा रहती है
(स) वैन में दो कंप्यूटर सीधे तौर पर नहीं जुड़े होते हैं
(द) वैन के अंतर्गत डाटा ट्रांसफर स्विचिंग विधि से होता है

531. सर्किट स्विचिंग में प्रेषक और ग्रहणकर्ता उपकरण के बीच एक निश्चित संचार पथ होता है। निम्नांकित में सर्किट स्विचिंग का उदाहरण बताएँ?
(अ) रेडियो (ब) टेलीफोन नेटवर्क
(स) स्कैनर (द) प्रिंटर

532. किस प्रकार की स्विचिंग में प्रत्येक स्विचिंग नोड एक संदेश प्राप्त करता है और थोड़ी देर के लिए संग्रह करता है, फिर अगले नोड को प्रेषित कर देता है। इस स्विचिंग में एक निश्चित पथ की जरूरत नहीं पड़ती है।
(अ) सर्किट स्विचिंग (ब) मेसेज स्विचिंग
(स) पैकेट स्विचिंग (द) ब्रिज

533. मेसेज स्विचिंग में मेसेज का एक उदाहरण बताएँ।
(अ) इलेक्ट्रॉनिक मेल (ब) टेलीफोन मेसेज
(स) रेडियो (द) इनमें से कोई नहीं

534. पैकेट स्विचिंग के अंतर्गत एक डाटा पैकेट की अधिकतम लंबाई कितनी होती है?
(अ) 1 बाइट (ब) 128–4096 बाइट
(स) 10 मेगा बाइट (द) इनमें से कोई नहीं

535. पैकेट स्विचिंग की किस विधि में नेटवर्क के लिए एक निश्चित संचार, पथ होता है?
(अ) डाटा ग्राम (ब) वर्चुअल सर्किट
(स) लैन टोपोलॉजी (द) इनमें से कोई नहीं

536. पैकेट स्विचिंग की किस विधि में प्रत्येक पैकेट सूचना के संप्रेषण के लिए नेटवर्क के माध्यम से विभिन्न संचार पथ ले सकते हैं?
(अ) डाटा ग्राम (ब) वर्चुअल सर्किट
(स) लैन टोपोलॉजी (द) इनमें से कोई नहीं

537. स्विचिंग विधि में डाटा ट्रांसफर के लिए किस तकनीक का प्रयोग किया

उत्तर के लिए कृपया पृष्ठ सं. 162 देखें।

जाता है ?

(अ) ट्रांसफरिंग (ब) रूटिंग

(स) डाटा ग्राम (द) वर्चुअल सर्किट

538. डाटा पैकेट को आगे बढ़ाने के लिए दो कंप्यूटरों के बीच संचार पथ की तलाश के लिए कौन जिम्मेवार होता है ?

(अ) रूटिंग (ब) डाटाग्राम

(स) ट्रांसफरिंग (द) इनमें से कोई नहीं

539. ब्रिज एक वाइड एरिया नेटवर्क उपकरण है, जो दो लैंस (LANS) को जोड़ने के लिए प्रयुक्त होता है। यह OSI मॉडल के किस लेयर पर काम करता है ?

(अ) डाटा लिंक लेयर (ब) नेटवर्क लेयर

(स) सेशन लेयर (द) एप्लिकेशन लेयर

540. ब्रिज किस प्रकार के प्रोटोकॉल वाले लैन का प्रयोग करता है ?

(अ) समरूप (ब) असमरूप

(स) दोनों (द) दोनों में से कोई नहीं

541. एक लैन से पैकेट उठाकर दूसरे लैन को भेजने के दौरान ब्रिज किस रूप में कार्य करता है ?

(अ) प्रेषक (ब) संग्राहक

(स) एड्रेस फिल्टर (द) इनमें से कोई नहीं

542. दो लंबी दूरी के वैन नेटवर्क को जोड़ने के लिए किस उपकरण का प्रयोग होता है ?

(अ) ब्रिज (ब) रूटर

(स) गेटवे (द) इनमें से कोई नहीं

543. रूटर्स OSI मॉडल के किस लेयर पर काम करते हैं ?

(अ) डाटालिंक लेयर (ब) सेशन लेयर

(स) नेटवर्क लेयर (द) एप्लीकेशन लेयर

544. दो असमान लैन नेटवर्क को जोड़ने के लिए किस उपकरण का प्रयोग होता है ?

(अ) ब्रिज (ब) रूटर

उत्तर के लिए कृपया पृष्ठ सं. 162 देखें।

(स) गेटवे (द) इनमें से कोई नहीं

545. गेटवे O S I मॉडल के किस लेयर पर काम करते हैं?

(अ) डाटालिंक लेयर (ब) ट्रांसपोर्ट लेयर

(स) एप्लीकेशन लेयर (द) नेटवर्क लेयर

546. गेटवे क्या करता है?

(अ) डाटा पैकेट को भेजने से पहले एक प्रोटोकॉल फॉरमैट से दूसरे में बदलता है

(ब) डाटा पैकेट को भेजने के बाद प्रोटोकॉल फॉरमैट बदलता है

(स) कंप्यूटर के दरवाजे पर खड़ा रहता है

(द) इनमें से कोई नहीं

547. P S T N का पूर्ण रूप क्या है?

(अ) प्री सर्विस टेली नेटवर्क

(ब) पब्लिक स्विच्ड टेलीफोन नेटवर्क

(स) प्रोसेस शिफ्टिंग टेली नेटवर्क (द) इनमें से कोई नहीं

548. P S T N के अंतर्गत संचारण किस किस्म का होता है?

(अ) डिजिटल (ब) एनालॉग

(स) दोनों (द) इनमें से कोई नहीं

549. फैक्स के चालन के लिए किस नेटवर्क का प्रयोग किया जाता है?

(अ) P S D N (ब) P S T N

(स) V A D (द) V A N

550. P S D N का पूर्ण रूप क्या है?

(अ) प्री सर्विस डाटा नेटवर्क

(ब) पासिंग सर्विस डाटा नेटवर्क

(स) पब्लिक स्विच्ड डाटा नेटवर्क (द) इनमें से कोई नहीं

551. निम्नांकित में से कौन P S D N की विशेषता नहीं है?

(अ) P S T N की तुलना में ज्यादा विश्वसनीय

(ब) ज्यादा गुणवत्ता वाले कनेक्शन

(स) उचित कीमत पर निम्न और तीव्र गति मुमकिन है

(द) बिना चेतावनी के रुकावट आना

उत्तर के लिए कृपया पृष्ठ सं. 162 देखें।

552. वैल्यू एडेड सर्विसेज का उदाहरण निम्नांकित में से कौन है ?

(अ) इलेक्ट्रॉनिक डाटा इंटरचेंज (ब) टेलीफोन

(स) रेडियो (द) प्रिंटर

553. I S D N किसका संक्षिप्त रूप है ?

(अ) इंटिग्रेटिड सर्विसेज डिजिटल नेटवर्क

(ब) इंटरनेशनल सर्विसेज डाटा नेटवर्क

(स) इनवैल्यूएबल सर्विसेज डाटा नेटवर्क

(द) इंपरफेक्ट सोर्सेज डिजिटल न्यूज

554. I S D N के अंतर्गत किनका इंटीग्रेशन होता है ?

(अ) भारत, पाकिस्तान, चीन, नेपाल

(ब) कंप्यूटर, टेलीविजन, रेडियो, टेलीफोन

(स) ध्वनि (वॉइस), दृश्य (वीडियो) और डाटा

(द) इनमें से कोई नहीं

555. I S D N के अंतर्गत किस-किस स्विचिंग तकनीक का उपयोग होता है ?

(अ) मेसेज स्विचिंग और सर्किट स्विचिंग

(ब) सर्किट स्विचिंग और पैकेट स्विचिंग

(स) पैकेट स्विचिंग और मेसेज स्विचिंग

(द) इनमें से कोई नहीं

556. I S D N के अंतर्गत संचारण के लिए किस किस्म के केबल का प्रयोग होता है ?

(अ) फाइबर ऑप्टिक केबल (ब) कोएक्सियल केबल

(स) ट्विस्टेड पेयर केबल (द) टू वायर ओपन लाइन

557. I S D N की पहली शुरुआत कहाँ हुई थी ?

(अ) भारत (ब) चीन

(स) सिंगापुर (द) अमेरिका

558. I S D N की शुरुआत कब हुई ?

(अ) 1986 ई. (ब) 1988 ई.

(स) 1990 ई. (द) 1992 ई.

559. एक ही भवन के अंदर किस किस्म की नेटवर्किंग बेहतर होगी ?

उत्तर के लिए कृपया पृष्ठ सं. 162 देखें।

(अ) WAN (ब) LAN

(स) MAN (द) RAN

560. निम्नांकित में से कौन सी टोपोलॉजी एकल चैनल की साझेदारी करता है जिससे सभी स्टेशन डाटा प्राप्त करते हैं और भेजते हैं?

(अ) लैन (ब) बस

(स) ट्री (द) इनमें से कोई नहीं

561. किस प्रकार की टोपोलॉजी में डाटा पैकेट की जगह सोर्स डेस्टिनेशन ले लेता है?

(अ) रिंग (ब) बस

(स) स्टार (द) इनमें से कोई नहीं

562. निम्नांकित में कौन सा लैन एक्सेस मेथड एक विशेष बिट पैटर्न के जरिए संचारण कर पाता है?

(अ) CSMA/CD (ब) रिंग टोपोलॉजी

(स) टोकन पासिंग (द) इनमें से कोई नहीं

563. निम्नांकित में से कौन सी टोपोलॉजी वर्क स्टेशनों को बढ़ाने या घटाने से कम-से-कम प्रभावित होती है?

(अ) रिंग (ब) स्टार

(स) बस (द) इनमें से कोई नहीं

564. प्रोटोकॉल का उपयोग किनकेबीच संचारण के लिए होता है?

(अ) समान मोड्यूल (ब) असमान मोड्यूल

(स) दोनों (द) इनमें से कोई नहीं

565. LAN के अंतर्गत साधारणत: डाटा ट्रांसफर रेट कितना होता है?

(अ) 1-100 Mbps (ब) 1-2 Mbps

(स) 1-10 Mbps (द) इनमें से कोई नहीं

566. BITNET (बिकॉज इट्स टाइम नेटवर्क) किनके बीच सूचनाओं के आदान-प्रदान के लिए स्थापित किया गया था?

(अ) विश्वविद्यालयों के बीच (ब) विद्यालयों के बीच

(स) शक्ति प्रतिष्ठानों के बीच (द) पुस्तकालयों के बीच

उत्तर के लिए कृपया पृष्ठ सं. 162 व 163 देखें।

12

कंप्यूटर वाइरस एवं सुरक्षा प्रबंधन

567. वैसे कंप्यूटर प्रोग्राम, जो डाटा फाइल को नष्ट कर देते हैं तथा प्रोग्राम फाइल को खराब कर देते हैं, साथ ही हार्ड डिस्क का बूट सेक्टर भी खराब कर देते हैं, क्या कहलाते हैं ?

(अ) वाइरस (ब) डेस्ट्रॉयर

(स) बैक्टीरिया (द) एनिमल

568. सामान्य प्रोग्राम और वाइरस में क्या अंतर है ?

(अ) वाइरस स्वयं ही अपनी अनुकृति बना लेते हैं

(ब) सामान्य प्रोग्राम की अपेक्षा वाइरस की रफ्तार धीमी होती है

(स) दोनों (द) इनमें से कोई नहीं

569. जो वाइरस हार्ड डिस्क का बूट सेक्टर खराब कर देता है, क्या कहलाता है ?

(अ) डाटा फाइल वाइरस (ब) बूट सेक्टर वाइरस

(स) E X E वाइरस (द) C O M वाइरस

570. जो वाइरस डाटा फाइल को खराब कर देते हैं, क्या कहलाते हैं ?

(अ) E X E वाइरस (ब) C O M वाइरस

(स) डाटा फाइल वाइरस (द) बूट सेक्टर वाइरस

571. जो वाइरस सभी E X E और C O M फाइल को निष्क्रिय कर देते हैं, क्या कहलाते हैं ?

(अ) बूट सेक्टर वाइरस (ब) डाटा फाइल वाइरस

(स) E X E और C O M वाइरस (द) डाइरेक्ट्री वाइरस

572. जो वाइरस सब डाइरेक्टरी को नष्ट कर देते हैं, क्या कहलाते हैं ?

(अ) डाइरेक्टरी वाइरस (ब) बूट सेक्टर वाइरस

उत्तर के लिए कृपया पृष्ठ सं. 163 देखें।

(स) छोटे वाइरस (द) फाइल वाइरस

573. वाइरस कंप्यूटर सिस्टम को किस प्रकार संक्रमित करता है?

(अ) संक्रमित प्रोग्राम या डिस्क चलाने से

(ब) तापक्रम बढ़ने से

(स) पर्याप्त मात्रा में बिजली आपूर्ति नहीं होने से

(द) इनमें से कोई नहीं

574. संपूर्ण लैन नेटवर्क को संक्रमित करने के लिए कौन कुख्यात है?

(अ) ट्रोजंस (ब) वर्म्स

(स) बैक्टीरिया (द) इंसेक्ट

575. ऐसे वाइरस जो वैध प्रोग्राम की तरह होते हैं और कुछ की बजाय कुछ काम करते हैं, नतीजतन डाटा की क्षति होती है, क्या कहलाते हैं?

(अ) वर्म्स (ब) ट्रोजंस

(स) इंसेक्ट (द) इनमें से कोई नहीं

576. कंप्यूटर शब्दावली में वाइरस के आतंक को क्या नाम दिया गया है?

(अ) वाइरस टेरर (ब) इलेक्ट्रॉनिक टेररिज्म

(स) इन्फॉर्मेशन मॉन्स्टर (द) इनमें से कोई नहीं

577. पहले वाइरस जैसे प्रोग्राम का क्या नाम था?

(अ) ब्रेव हर्ट (ब) कोड वार्स

(स) डेथ वारंट (द) अप्रैल फूल

578. वाइरस का पहला व्यावसायिक इस्तेमाल कब हुआ था?

(अ) 1980 ई. (ब) 1982 ई.

(स) 1985 ई. (द) 1990 ई.

579. उक्त वाइरस का क्या नाम था?

(अ) ब्रेन वाइरस (ब) कंप्यूटर वाइरस

(स) अप्रैल वाइरस (द) डेथ वाइरस

580. कंप्यूटर वाइरस से बचने के निम्नांकित सुरक्षा उपायों में से कौन सा उपाय नहीं है?

(अ) किसी भी बाहरी फ्लॉपी डिस्क का प्रयोग बिना स्कैन किए करना चाहिए

उत्तर के लिए कृपया पृष्ठ सं. 163 देखें।

(ब) कंप्यूटर को ऑन करने के बाद स्कैन करना चाहिए

(स) बिना स्कैन किए किसी भी फ्लॉपी का प्रयोग नहीं करना चाहिए

(द) अपनी फ्लॉपी डिस्कों को राइट प्रोटेक्ट लगाकर कहीं बाहर प्रयोग करना चाहिए

581. यदि 'हिडेन फाइल' की संख्या बढ़ती है तो इसकी जाँच किस कमांड से होगी ?

(अ) CTRL (ब) CHKDSK

(स) ALT (द) FG

582. निम्नांकित में से कौन सा वाइरस ज्यादातर मैकिंटोश मशीनों में मिलता है ?

(अ) ब्रेन वाइरस (ब) स्कोर्स वाइरस

(स) रेनड्रॉप्स (द) लेहाई वाइरस

583. रेनड्रॉप्स किस प्रकार का वाइरस है ?

(अ) डाटा फाइल वाइरस (ब) बूट सेक्टर वाइरस

(स) EXE और COM वाइरस (द) डाइरेक्ट्री वाइरस

584. 'वेलकम टू द डंगियॉन' संदेश किस वाइरस की पहचान है ?

(अ) स्कोर्स (ब) ब्रेन

(स) रेनड्रॉप (द) लेहाई

585. निम्नांकित में से कौन सा काम कंप्यूटर वाइरस नहीं करता है ?

(अ) FAT (फाइल एलोकेशन टेबल) फाइल को नष्ट करना

(ब) विशिष्ट प्रोग्राम या डाटा को मिटाना

(स) डिस्क के फ्री स्पेस कम करना

(द) सिस्टम को 'हैंग' नहीं करना

586. सॉफ्टवेअर सुरक्षा के निम्नांकित उपायों में से गलत की पहचान करें—

(अ) लाइसेंसी सॉफ्टवेअर का प्रयोग करना चाहिए

(ब) गैर लाइसेंसी सॉफ्टवेअर का प्रयोग नुकसानदेह नहीं है

(स) कंप्यूटर को उपयुक्त विधि से 'शट डाउन' करना चाहिए

(द) सभी फाइलों का बैकअप बनाना चाहिए

587. सुरक्षा की दृष्टि से निम्नांकित पर्यावरण स्थितियों में गलत की पहचान करें—

उत्तर के लिए कृपया पृष्ठ सं. 163 देखें।

(अ) कंप्यूटर के पास तापमापी और आर्द्रतामापी रखना चाहिए

(ब) कंप्यूटर के पास धूल जमने से कोई परेशानी नहीं है

(स) नियमित अवधि में वैक्यूम क्लीनर का प्रयोग करना चाहिए

(द) वोल्टेज स्टेबिलाइजर का प्रयोग करना चाहिए

588. निम्नांकित में से कौन नेटवर्क सुरक्षा का उपाय नहीं है ?

(अ) सर्वर को पास ही रखना चाहिए

(ब) सर्वर को दूर रखना चाहिए

(स) सर्वर को बैकग्राउंड मोड में चलाना चाहिए

(द) नेटवर्किंग के लिए ऑप्टिकल फाइबर का प्रयोग करना चाहिए

589. 'एक्सेस कंट्रोल कार्ड' किस प्रकार के सुरक्षात्मक उपाय के अंतर्गत आता है ?

(अ) नेटवर्क सुरक्षा (ब) पासवर्ड सुरक्षा

(स) सॉफ्टवेअर (द) इनमें से कोई नहीं

590. कूट विद्या (क्रिप्टोलॉजी) क्या है ?

(अ) कूटभाषा और गूढ़लिपि की रचना और विश्लेषण

(ब) तंत्र विद्या

(स) गणित (द) इनमें से कोई नहीं

591. D E S का पूर्ण रूप क्या है ?

(अ) डाटा इनहांसिंग सिस्टम (ब) डिकोडर इनहांसिंग सिस्टम

(स) डाटा एन्क्रिप्शन स्टैंडर्ड (द) इनमें से कोई नहीं

592. D E S आधारित सिस्टम के दो मुख्य अंग क्या हैं ?

(अ) एल्गोरिद्म और की (K E Y) (ब) A L U और मेमोरी

(स) C P U और A L U (द) मेन और सेकेंडरी मेमोरी

593. R S A कोड के आविष्कर्ता कौन थे ?

(अ) राजेंद्र, शैलेंद्र, अनिकेंद्र

(ब) रोनाल्ड रिवेस्ट, आदि शमीर, लियोनार्द एडलमैन

(स) रॉबर्ट, एलेक्जेंडर और सोबर्स

(द) इनमें से कोई नहीं

594. R S A कोड सन् 1993 में टूट गया। इसे तोड़ने में कितने कंप्यूटर लगे थे ?

उत्तर के लिए कृपया पृष्ठ सं. 163 देखें।

(अ) 1000 (ब) 1500

(स) 2000 (द) 15000

595. R S A प्रणाली किस सिद्धांत पर काम करता है ?

(अ) दो संख्याओं को गुणनखंड में विभक्त करने की तुलना में गुणनफल निकालना ज्यादा आसान है

(ब) दो संख्याओं के गुणनफल निकालने की तुलना में गुणनखंड में विभक्त करना ज्यादा आसान है

(स) उपर्युक्त दोनों (द) इनमें से कोई नहीं

596. 8 महीने से ज्यादा की अवधि में R S A कोड को किस माध्यम पर तोड़ा गया ?

(अ) रेडियो (ब) टेलीविजन

(स) इंटरनेट (द) न्यूजपेपर

उत्तर के लिए कृपया पृष्ठ सं. 163 देखें।

13

सुपर कंप्यूटर

597. निम्नांकित में से किस कंप्यूटर की प्रोसेसिंग रफ्तार सबसे तेज है, जो मल्टि प्रोसेसिंग तकनीक का उपयोग करता है ?

(अ) माइक्रो कंप्यूटर (ब) मिनि कंप्यूटर
(स) पर्सनल कंप्यूटर (द) सुपर कंप्यूटर

598. सुपर कंप्यूटर द्वारा प्रति सेकंड गणना की रफ्तार कहाँ तक पहुँची है ?

(अ) पच्चीस अरब अंकगणितीय ऑपरेशन
(ब) बीस अरब अंकगणितीय ऑपरेशन
(स) पच्चीस लाख अंकगणितीय ऑपरेशन
(द) इनमें से कोई नहीं

599. सुपर कंप्यूटर की कंप्यूटिंग स्पीड के माप की इकाई क्या है ?

(अ) किलोफ्लॉप्स (ब) मेगाबाइट
(स) गीगाबाइट (द) गीगाफ्लॉप्स

600. 1 गीगा का मान कितना होता है ?

(अ) 10^3 (ब) 10^6
(स) 10^9 (द) 10^{12}

601. फ्लॉप्स का पूर्ण रूप क्या है ?

(अ) फ्लोटिंग प्वाइंट ऑपरेशन पर सेकंड
(ब) फ्लाइंग प्वाइंट ऑपरेशन पर सेकंड
(स) फ्लोटिंग प्वाइंट ऑपरेशन पर सेक्शन
(द) इनमें से कोई नहीं

602. ऑपरैंड्स पर की गई अंकगणितीय गणनाएँ (अरिथमेटिक ऑपरेशंस) क्या कहलाती हैं ?

उत्तर के लिए कृपया पृष्ठ सं. 163 देखें।

(अ) फ्लोटिंग प्वाइंट ऑपरेशन (ब) फ्लाइंग ऑपरेशन

(स) फ्लर्टिंग प्वाइंट ऑपरेशन (द) इनमें से कोई नहीं

603. ऑपरैंड्स भिन्नात्मक अंशों वाले रीयल नंबर हैं; ये किस रूप में अभिव्यक्त किए जाते हैं?

(अ) दशमलव और द्विआधारी (ब) दशमलव और मैंटिसा

(स) मैंटिसा और एक्सपोनेंट (द) इनमें से कोई नहीं

604. सुपर कंप्यूटर में मैंटिसा में कितने अंक (डिजिट) होते हैं?

(अ) 2 (ब) 4

(स) 8 (द) 16

605. अन्य कंप्यूटरों में मैंटिसा में कितने अंक (डिजिट) होते हैं?

(अ) 2 (ब) 4

(स) 8 (द) 16

606. सुपर कंप्यूटर में एक्सपोनेंट कितने रेंज तक होते हैं?

(अ) ± 100 (ब) ± 150

(स) ± 200 (द) ± 300

607. अन्य कंप्यूटरों में एक्सपोनेंट की रेंज कितनी होती है?

(अ) ± 77 (ब) ± 99

(स) ± 88 (द) ± 11

608. आधुनिक सुपर कंप्यूटर की चरम गति कितनी है?

(अ) 25 गीगाफ्लॉप्स (ब) 75 गीगाफ्लॉप्स

(स) 50 गीगाफ्लॉप्स (द) 100 गीगाफ्लॉप्स

609. अब कंप्यूटर वैज्ञानिक 1 टेट्राफ्लॉप कंप्यूटिंग स्पीड वाले सुपर कंप्यूटर की डिजाइन में लगे हैं। टेट्राफ्लॉप का मान कितना होता है?

(अ) 100 गीगाफ्लॉप्स (ब) 500 गीगाबाइट

(स) 1000 गीगाफ्लॉप्स (द) इनमें से कोई नहीं

610. सुपर कंप्यूटर के सभी प्रोसेसरों की मुख्य मेमोरी का कुल योग कितना होना चाहिए?

(अ) 2 गीगाबाइट (ब) 4 गीगाबाइट

(स) 8 गीगाबाइट (द) 16 गीगाबाइट

उत्तर के लिए कृपया पृष्ठ सं. 163 देखें।

611. सुपर कंप्यूटर में प्रत्येक प्रोसेसर की रफ्तार कितनी होनी चाहिए?

(अ) 0.25 नैनो सेकंड प्रति बाइट

(ब) 1 नैनो सेकंड प्रति बाइट

(स) 0. 50 नैनो सेकंड प्रति बाइट

(द) 0.05 नैनो सेकंड प्रति बाइट

612. 2 गीगाफ्लॉप्स की प्रोसेसिंग स्पीड के लिए प्रति सेकंड कितने जोड़े ऑपरैंड की जरूरत होगी?

(अ) एक अरब जोड़े

(ब) दो अरब जोड़े

(स) तीन अरब जोड़े

(द) चार अरब जोड़े

613. सुपर कंप्यूटर में डाटा ट्रांसफर दर कितनी होती है?

(अ) 2 गीगाबाइट प्रति सेकंड

(ब) 3 गीगाबाइट प्रति सेकंड

(स) 4 गीगाबाइट प्रति सेकंड

(द) 5 गीगाबाइट प्रति सेकंड

614. सुपर कंप्यूटर युग की शुरुआत कब हुई?

(अ) सन् 1940-41

(ब) सन् 1955-56

(स) सन् 1974-75

(द) सन् 1985-86

615. कंट्रोल डाटा कॉर्पोरेशन के द्वारा डिजाइन किए गए कंप्यूटर का क्या नाम था?

(अ) सी डी सी स्टार 10

(ब) सी डी सी स्टार-100

(स) ए बी सी-क्रे

(द) इनमें से कोई नहीं

616. सुपर कंप्यूटर किस प्रकार के शिल्प (आर्किटेक्चर) पर आधारित होता है?

(अ) नॉन वॉन न्यूमैन डिजाइन

(ब) वॉन न्यूमैन डिजाइन

(स) न्यूमैन डिजाइन

(द) ओल्डमैन डिजाइन

617. प्रारंभिक सुपर कंप्यूटर तेज गति के लिए किस तकनीक का उपयोग करते थे?

(अ) पैरेलल प्रोसेसिंग

(ब) वेक्टर पाइपलाइन प्रोसेसिंग

(स) माइक्रो प्रोसेसिंग

(द) मैक्रो प्रोसेसिंग

618. आधुनिक सुपर कंप्यूटर में तेज रफ्तार के लिए प्रोसेसर किस तकनीक का उपयोग करते हैं?

(अ) पैरेलल प्रोसेसिंग

(ब) वेक्टर पाइपलाइन प्रोसेसिंग

उत्तर के लिए कृपया पृष्ठ सं. 163 देखें।

(स) माइक्रो प्रोसेसिंग (द) मैक्रो प्रोसेसिंग

619. सुपर कंप्यूटर की निम्नांकित मुख्य तार्किक इकाइयों में गलत उत्तर की पहचान कीजिए?

(अ) इनपुट / आउटपुट प्रोसेसर (ब) मेन मेमोरी

(स) इंस्ट्रक्शन रजिस्टर और प्रोसेसर (द) डॉट मैट्रिक्स प्रिंटर

620. स्कैलर रजिस्टर, वेक्टर रजिस्टर और प्रोसेसर, सेकेंडरी स्टोरेज सिस्टम और फ्रंट एंड कंप्यूटर सिस्टम सुपर कंप्यूटर में किसकी भूमिका अदा करते हैं?

(अ) तार्किक इकाई (ब) गणितीय इकाई

(स) ए. एल. यू. (द) इनमें से कोई नहीं

621. सुपर कंप्यूटर के इनपुट / आउटपुट सिस्टम में कितने प्रोसेसर लगे होते हैं, जिनका अपना निर्देश सेट, मेमोरी, अंकगणितीय इकाई और कंट्रोल होता है?

(अ) 4-8 (ब) 4-12

(स) 4-16 (द) 4-20

622. निम्नांकित कथनों में असत्य कौन है?

(अ) मल्टि प्रोसेसर सिस्टम में प्रत्येक प्रोसेसर समानांतर प्रोसेसिंग करते हैं

(ब) सभी इनपुट / आउटपुट प्रोसेसर एक साथ काम करते हैं

(स) दोनों कथन सत्य हैं (द) दोनों कथन असत्य हैं

623. सुपर कंप्यूटर में डिस्क से डाटा एक्सेस करने की रफ्तार कितनी होनी चाहिए?

(अ) 200 M B प्रति सेकंड (ब) 500 M B प्रति सेकंड

(स) 100 M B प्रति सेकंड (द) इनमें से कोई नहीं

624. सुपर कंप्यूटर की मेन मेमोरी की भंडारण क्षमता कितनी होती है?

(अ) 1024 मेगावर्ड्स (ब) 2048 मेगावर्ड्स

(स) 1000 मेगावर्ड्स (द) 24 मेगावर्ड्स

625. सुपर कंप्यूटर में प्रत्येक वर्ड कितना लंबा होता है?

(अ) 8 बिट (ब) 16 बिट

उत्तर के लिए कृपया पृष्ठ सं. 163 व 164 देखें।

(स) 32 बिट (द) 64 बिट

626. वेक्टर सुपर कंप्यूटर में क्लॉक स्पीड कितनी होती है?

(अ) लगभग 1 ns (ब) लगभग 2 ns

(स) लगभग 10 ns (द) 20 ns

627. वेक्टर सुपर कंप्यूटर में बिजली को एक तार के अंदर 10 सें.मी. यात्रा करने में कितना वक्त लगता है?

(अ) 0. 33 ns (ब) .44 ns

(स) 0. 55 ns (द) 0. 66 ns

628. विश्व की मात्र चार कंपनियाँ ही वेक्टर सुपर कंप्यूटर बनाती हैं, उनके नाम बताएँ?

(अ) फिलिप्स, सैमसंग, विनटेक, टेक्सला

(ब) आइवा, अकाई, सायोनारा, बेल

(स) क्रे, फुजित्सु, हिटाची, एन. इ. सी.

(द) गोल्डस्टार, ट्रिनिट्रॉन, ओनिडा, विप्रो

629. क्रे किस देश की कंपनी है?

(अ) रूस (ब) संयुक्त राज्य अमेरिका

(स) इटली (द) कनाडा

630. फुजित्सु, हिटाची और एन. ई. सी. किस देश की कंपनियाँ हैं?

(अ) ब्रिटेन (ब) संयुक्त राज्य अमेरिका

(स) दक्षिण कोरिया (द) जापान

631. विश्व के प्रथम सुपर कंप्यूटर निर्माता का क्या नाम था?

(अ) एडमंड हिलेरी (ब) चार्ल्स बैबेज

(स) सीमूर क्रे (द) जॉन नेपियर

632. प्रथम सुपर कंप्यूटर का क्या नाम था?

(अ) सीमूर-1 (ब) क्रे-1

(स) सीमूर-2 (द) क्रे-11

633. विश्व के प्रथम सुपर कंप्यूटर का निर्माण कब हुआ था?

(अ) 1970 ई. (ब) 1975 ई.

(स) 1980 ई. (द) 1985 ई.

उत्तर के लिए कृपया पृष्ठ सं. 164 देखें।

634. विश्व के प्रथम सुपर कंप्यूटर की आकृति कैसी थी ?

(अ) चौकोर (ब) गोल

(स) बेलनाकार (द) त्रिभुजाकार

635. प्रथम सुपर कंप्यूटर को बेलनाकार बनाने के पीछे क्या कारण था ?

(अ) मन चाही आकृति देना (ब) तार की लंबाई कम करना

(स) रफ्तार तेज करना (द) इनमें से कोई नहीं

636. सुपर कंप्यूटर के इंटिग्रेटिड सर्किट का तापमान कितने डिग्री के आस-पास स्थिर होना चाहिए ?

(अ) 10^0 C (ब) 15^0 C

(स) 20^0 C (द) 25^0 C

637. सुपर कंप्यूटर के आई.सी. का तापमान स्थिर रखने के लिए क्या करना चाहिए ?

(अ) ठंडा करते रहना चाहिए (ब) बिजली बंद करनी चाहिए

(स) आवरण चढ़ाना चाहिए (द) इनमें से कोई नहीं

638. भारत में बनी सुपर कंप्यूटर शृंखला का क्या नाम है ?

(अ) सत्यम (ब) शिवम

(स) सुंदरम (द) परम

639. परम शृंखला के सुपर कंप्यूटरों की डिजाइन किसने की है ?

(अ) ए टी एंड टी (ब) सी-डेक (C-D A C)

(स) माइक्रो सॉफ्ट (द) कोरल

640. C-D A C का पूर्ण रूप क्या है ?

(अ) सेंटर फॉर डेवलपमेंट ऑफ एडवांस कंप्यूटिंग

(ब) सिरामिक डिजाइन एंड कंपनी

(स) कंपनी फॉर डायमंड एंड कोबाल्ट

(द) कंबाइंड डिफेंस आर्टिलरी कमांडर

641. कंप्यूटर की गणना गति (कंप्यूटेशनल स्पीड) बढ़ाने के उद्देश्य से डाटा प्रोसेसिंग का काम एक ही समय में काम करनेवाली तकनीक क्या कहलाती है ?

(अ) इंटरनल प्रोसेसिंग (ब) एक्सटरनल प्रोसेसिंग

उत्तर के लिए कृपया पृष्ठ सं. 164 देखें।

(स) पैरेलल प्रोसेसिंग (द) असमानांतर प्रोसेसिंग

642. पैरेलल कंप्यूटर में फ्लिंस वर्गीकरण किस पर आधारित है ?
(अ) निर्देशों और डाटा की विविधता (ब) निर्देशों की विविधता
(स) सिर्फ डाटा की विविधता (द) कंप्यूटर की विविधता

643. फ्लिंस वर्गीकरण कंप्यूटर को कितनी श्रेणियों में बाँटता है ?
(अ) एक (ब) दो
(स) तीन (द) चार

644. S I S D का पूर्ण रूप क्या है ?
(अ) सोबर इंस्ट्रक्शन सोबर डाटा
(ब) सुपर इंस्ट्रक्शन सुपर डाटा
(स) सिंगल इंस्ट्रक्शन सिंगल डाटा
(द) स्लीक इंस्ट्रक्शन स्लीक डाटा

645. S I S D व्यवस्था में निर्देशों का पालन किस प्रकार का होता है ?
(अ) सिलसिलेवार (सिक्वेंसियल) (ब) गैर सिलसिलेवार
(स) दोनों प्रकार से (द) इनमें से कोई नहीं

646. S I S D व्यवस्था ज्यादातर किस प्रकार के कंप्यूटरों में होती है ?
(अ) पैरेलल (ब) सीरियल
(स) दोनों प्रकार के (द) सभी कथन असत्य हैं

647. S I M D का पूर्ण रूप क्या है ?
(अ) सिंगल इनपुट मेनी डाटा
(ब) स्ट्रीम इंस्ट्रक्शन मेनी डाटा
(स) सिंगल इंस्ट्रक्शन मल्टिपल डाटा
(द) इनमें से कोई नहीं

648. S I M D व्यवस्था के बारे में कौन सा कथन सत्य है ?
(अ) यह व्यवस्था एक ही कंट्रोल यूनिट से नियंत्रित होती है
(ब) सभी प्रोसेसिंग यूनिट समान निर्देश प्राप्त करते हैं, मगर काम भिन्न-भिन्न डाटा पर करते हैं।
(स) दोनों कथन सत्य हैं (द) दोनों कथन असत्य हैं

649. M I S D का पूर्ण रूप क्या है ?

उत्तर के लिए कृपया पृष्ठ सं. 164 देखें।

(अ) मेनी इंस्ट्रक्शन सिंगल डाटा

(ब) मल्टिपल इंस्ट्रक्शन सिंगल डाटा

(स) मोर इंस्ट्रक्शन सुपर डाटा

(द) मोर इंस्ट्रक्शन सेवरल डाटा

650. MISD व्यवस्था के बारे में कौन सा कथन असत्य है?

(अ) इस व्यवस्था में कई प्रोसेसर लगे होते हैं

(ब) इस व्यवस्था में एक प्रोसेसर लगा होता है

(स) एक ही डाटा पर भिन्न-भिन्न निर्देशों के सेट काम करते हैं

(द) एक यूनिट का आउटपुट दूसरे यूनिट का इनपुट होता है

651. MIMD का पूर्ण रूप क्या है?

(अ) मोर इंस्ट्रक्शन मोर डाटा

(ब) मल्टिपल इंस्ट्रक्शन मल्टिपल डाटा

(स) मोर इनपुट मोर डाटा

(द) मल्टिपल इंस्ट्रक्शन मोर डाटा

652. MIMD व्यवस्था के बारे में कौन सा कथन सत्य है?

(अ) इस व्यवस्था में प्रोसेसरों के बीच अंत:क्रिया नहीं होती है

(ब) इस व्यवस्था में कई प्रोसेसर लगे होते हैं

(स) ज्यादातर मल्टि प्रोसेसर इसी श्रेणी के होते हैं

(द) सभी प्रोसेसरों द्वारा एक ही डाटा साझा कर लिया जाता है

653. पैरेलल प्रोसेसर कई श्रेणियों में बाँटे जा सकते हैं। उनमें से एक एरे प्रोसेसर्स क्या करते हैं?

(अ) आवृत्तीय प्रक्रिया (रिपीटिटिव ऑपरेशन) में संलग्न रहते हैं

(ब) प्रोसेसिंग करते हैं

(स) दोनों ही काम करते हैं

(द) दोनों ही काम नहीं करते हैं

654. मल्टि प्रोसेसर किस मोड में काम करते हैं?

(अ) एसिन्क्रोनस (ब) सिन्क्रोनस

(स) डाइरेक्ट (द) इनडाइरेक्ट

655. डिस्ट्रिब्यूटेड आर्किटेक्चर पूरे सिस्टम को सँभालने में समर्थ होते हैं और

उत्तर के लिए कृपया पृष्ठ सं. 164 देखें।

बड़े एप्लिकेशन को चलाने में मदद करते हैं। यह आर्किटेक्चर किससे निर्मित होता है ?

(अ) ऑटोनोमस सबसिस्टम (ब) केंद्रीकृत व्यवस्था

(स) दोनों से (द) उपर्युक्त में से कोई नहीं

656. डाटाफ्लो आर्किटेक्चर में ऑपरेशन कब शुरू होता है ?

(अ) डाटा के आगमन पर (ब) डाटा के प्रस्थान पर

(स) दोनों ही स्थितियों में (द) इनमें से कोई नहीं

657. उस तकनीक को क्या कहते हैं जिसमें एक काम खत्म होने के पहले ही दूसरा काम शुरू होता है ?

(अ) वेक्टर (ब) पाइपलाइनिंग

(स) डाटाफ्लो (द) एरे

658. प्रोसेसरों का एक सेट, जिसमें एक वेक्टर के विभिन्न तत्त्व एक ही समय में प्रोसेस होते हैं, क्या कहलाता है ?

(अ) माइक्रो प्रोसेसर (ब) मैक्रो प्रोसेसर

(स) वेक्टर प्रोसेसर (द) सुपर प्रोसेसर

659. वेक्टर प्रोसेसिंग का उपयोग किस काम में नहीं होता है ?

(अ) मौसम की भविष्यवाणी (ब) पेट्रोल की खोज

(स) भूकंप के आँकड़ों का विश्लेषण (द) छपाई का काम

660. निम्नांकित में से कौन सा कथन असत्य है ?

(अ) तेज कंप्यूटेशन के लिए सुपर कंप्यूटर का प्रयोग होता है

(ब) सुपर कंप्यूटर की मेमोरी सिस्टम बड़ी होती है

(स) हर फंक्शनल यूनिट का अपना पाइप लाइन विन्यास होता है

(द) सुपर कंप्यूटर में प्रोसेसिंग सीरियल होती है

661. एक सामान्य सुपर कंप्यूटर में एक बेसिक साइकल कितनी अवधि की होती है ?

(अ) 2–8 नैनो सेकंड (ब) 4–10 नैनो सेकंड

(स) 4–20 नैनो सेकंड (द) 10–100 नैनो सेकंड

उत्तर के लिए कृपया पृष्ठ सं. 164 देखें।

14

इंटरनेट

662. उस विश्व स्तरीय व्यवस्था को क्या कहते हैं जो विश्व में फैले कंप्यूटरों को मोडम के द्वारा आपस में जोड़ने का काम करती है ?

(अ) टेलीफोन (ब) टेलीप्रिंटर

(स) उपग्रह (द) इंटरनेट

663. प्रोटोकॉल क्या है ?

(अ) सूचित करने के लिए सॉफ्टवेअर उपकरणों के द्वारा प्रयुक्त होनेवाली एक स्कीम

(ब) सूचित करने के लिए हार्डवेअर के द्वारा प्रयुक्त होनेवाली एक स्कीम

(स) सूचित करने के लिए कंप्यूटर के द्वारा प्रयुक्त होनेवाली एक स्कीम

(द) उपर्युक्त में से कोई नहीं

664. प्रोटोकॉल का मानकीकरण कौन करता है ?

(अ) कंप्यूटर इंजीनियर्स (ब) इंटरनेट इंजीनियर्स टास्क फोर्स

(स) प्रोटोकॉल ऑफिसर (द) उपर्युक्त में से कोई नहीं

665. निम्नांकित तथ्यों में से कौन असत्य है ?

(अ) प्रोटोकॉल तेज डाटा ट्रांसफर के लिए डाटा को कंप्रेस कर सकते हैं

(ब) प्रोटोकॉल त्रुटियों की जाँच कर सकते हैं

(स) प्रोटोकॉल प्रामाणिकता सिद्ध कर सकते हैं

(द) प्रोटोकॉल प्रामाणिकता सिद्ध नहीं कर सकते

666. T C P का पूर्ण रूप क्या है ?

(अ) टोटल कॉल प्रोटोकॉल (ब) ट्रांसमिशन कंट्रोल प्रोटोकॉल

(स) ट्रांसमिशन कॉल प्रोटोकॉल (द) ट्रांसमिशन सर्किट पोल

उत्तर के लिए कृपया पृष्ठ सं. 164 देखें।

667. T C P दूसरी मशीन को डाटा के बड़े ब्लॉक को भेजने के लिए क्या करता है ?

(अ) डाटा ब्लॉक को छोटे-छोटे डाटा पैकेट में बाँट देता है

(ब) डाटा ब्लॉक को उसी रूप में भेज देता है

(स) दोनों कथन सत्य हैं (द) सभी कथन असत्य हैं

668. I P का पूर्ण रूप क्या है ?

(अ) इंडियन प्रोटोकॉल (ब) इंटरनेशनल प्रोटोकॉल

(स) इंटरनेट प्रोटोकॉल (द) इंकजेट प्रिंटर

669. इंटरनेट प्रोटोकॉल (I P) का काम क्या है ?

(अ) डाटा पैकेट पर मंजिल की पता संबंधी सूचना लगाना

(ब) डाटा ब्लॉक को छोटे-छोटे डाटा पैकेट में बाँटना

(स) दोनों कथन सत्य हैं (द) दोनों कथन असत्य हैं

670. I S P किसका संक्षिप्त रूप है ?

(अ) इंडियन सर्विस प्वाइंट (ब) इंटरनेशनल सर्विस प्वाइंट

(स) इंटरनेट सर्विस प्रोवाइडर (द) उपर्युक्त में से कोई नहीं

671. I S P का काम क्या है ?

(अ) उपयोक्ता को इंटरनेट लिंक प्रदान करना

(ब) उपयोक्ता को पंजीकृत करना

(स) प्रसारण करना (द) उपर्युक्त में से कोई नहीं

672. I S P निम्नांकित में से कौन सी सुविधा नहीं प्रदान करता है ?

(अ) इ-मेल (ब) एफ टी पी

(स) टेल नेट (द) स्नेल मेल

673. इंटरनेट एड्रेस क्या है ?

(अ) T C P / I P के जरिए सूचना के आदान-प्रदान के लिए कंप्यूटरों को आवंटित संख्या

(ब) इंटरनेट का पता

(स) सॉफ्टवेअर कंपनी का पता (द) उपर्युक्त में से कोई नहीं

674. इंटरनेट एड्रेस को और किस नाम से पुकारते हैं ?

(अ) लैन संख्या (ब) वैन संख्या

उत्तर के लिए कृपया पृष्ठ सं. 164 देखें।

(स) इंटरनेट प्रोटोकॉल संख्या (I P नंबर)

(द) उपर्युक्त में से कोई नहीं

675. इंटरनेट एड्रेस किस प्रकार प्राप्त करते हैं ?

(अ) बैकबोन सर्विस प्रोवाइडर या टेलीफोन कंपनी के द्वारा

(ब) कंप्यूटर विक्रेता के द्वारा

(स) I E T F के द्वारा
(द) उपर्युक्त में से कोई नहीं

676. सर्वर क्या है ?

(अ) एक खास तरह की सेवा प्रदान करनेवाला सॉफ्टवेअर

(ब) सेवा करनेवाला कंप्यूटर

(स) दोनों कथन सत्य हैं
(द) दोनों कथन असत्य हैं

677. डाकघर की तरह काम करनेवाले उस उपकरण को क्या कहते हैं जो डाटा पैकेट को गंतव्य का पता बताता है ?

(अ) कंप्यूटर
(ब) रूटर

(स) प्रिंटर
(द) कॉलर

678. इंटरनेट पर मौजूद विभिन्न सुविधाओं का उपयोग करने की अनुमति कौन देता है ?

(अ) गेटवे
(ब) रूटर

(स) आई.सी.
(द) सर्विस प्रोवाइडर

679. इंटरनेट में एक हाई स्पीड डाटालिंक वाली शक्तिशाली मशीन क्या कहलाती है, जो अल्पशक्ति वाले कंप्यूटर के उपयोक्ता की तरफ से बात करता है ?

(अ) रूटर
(ब) टॉकर

(स) गेटवे
(द) स्कैनर

680. निम्नांकित में से कौन I S P एक्सेस प्रणाली नहीं है ?

(अ) V S A T
(ब) I S D N

(स) रेडियो मोडम
(द) उपग्रह

681. निम्नांकित में से कौन यूजर एक्सेस मेथड नहीं है ?

(अ) डायल अप वाया मोडम
(ब) डायलर

(स) V S A T
(द) इनमें से कोई नहीं

उत्तर के लिए कृपया पृष्ठ सं. 164 व 165 देखें।

682. उपयोक्ता को मिला अनुमति प्राप्त (पासवर्ड) क्षेत्र क्या कहलाता है?

(अ) लॉगइन / एकाउंट (ब) लॉग आउट

(स) पासवर्ड (द) यूजरनेम

683. बॉड क्या है?

(अ) डाटा ट्रांसमिट करने की मोडम की क्षमता मापने की इकाई

(ब) डाटा स्टोर करने की मोडम की क्षमता मापने की इकाई

(स) डाटा स्पेस मापने की इकाई (द) उपर्युक्त में से कोई नहीं

684. आमतौर पर मोडम एक-दूसरे से विद्युत् स्पंदन के जरिए संवाद स्थापित करते हैं। इन विद्युत् स्पंदनों को क्या कहते हैं?

(अ) इलेक्ट्रिक पल्स (ब) कैरियर सिग्नल

(स) कैरियर साइन (द) इलेक्ट्रिक सिग्नल

685. सिर्फ एक उपयोक्ता के लिए आरक्षित भू-आधारित फोन लाइन क्या कहलाती है?

(अ) T लाइन (ब) लीज्ड लाइन

(स) माइक्रोवेव (द) उपर्युक्त में से कोई नहीं

686. डिजिटल डाटा को एनालॉग में और एनालॉग को डिजिटल में बदलनेवाले उपकरण को क्या कहते हैं?

(अ) मोडम (ब) वी सैट

(स) कैलकुलेटर (द) रूटर

687. D N S का पूर्ण रूप क्या है?

(अ) डोमेन नेम सिस्टम (ब) ड्राइविंग नेम सिस्टम

(स) डोमेन नेविगेशन सिस्टम (द) उपर्युक्त में से कोई नहीं

688. यूजर नेम क्या है?

(अ) लॉगिंग के लिए इंटरनेट एकाउंटधारी का नाम

(ब) शॉपिंग के लिए कंप्यूटरधारी का नाम

(स) कंप्यूटर का उपयोग करनेवाले का नाम

(द) उपर्युक्त में से कोई नहीं

689. डोमेन नेम में व्यावसायिक संगठनों के लिए किस संकेत का प्रयोग होता है?

उत्तर के लिए कृपया पृष्ठ सं. 165 देखें।

(अ) .com (ब) .net

(स) .gov (द) .edu

690. डोमेन के नामकरण में नेटवर्क संगठनों के लिए कौन सा संकेत प्रयुक्त होता है ?

(अ) .com (ब) .net

(स) .gov (द) .edu

691. डोमेन के नामकरण में सरकारी संस्थाओं के लिए किस संकेत का प्रयोग होता है ?

(अ) .com (ब) .net

(स) .gov (द) .edu

692. डोमेन के नामकरण में शैक्षणिक संस्थाओं के लिए किस संकेत का प्रयोग होता है ?

(अ) .org (ब) .mil

(स) .com (द) .edu

693. डोमेन के नामकरण में अवर्गीकृत फौजी नेटवर्क के लिए कौन सा संकेत प्रयुक्त होता है ?

(अ) .org (ब) .mil

(स) .edu (द) .net

694. डोमेन के नामकरण में वैसी संस्थाओं के लिए किस संकेत का प्रयोग करते हैं, जो न ही व्यावसायिक संगठन और ना ही शैक्षणिक संस्थाओं की श्रेणी में आते हैं ?

(अ) .com (ब) .net

(स) .org (द) .net

695. डोमेन नामकरण के अंतर्गत संयुक्त राज्य अमेरिका का संकेत क्या है ?

(अ) .Ame (ब) .usa

(स) .us (द) .America

696. डोमेन नामकरण के अंतर्गत चीन का संकेत क्या है ?

(अ) .China (ब) .chn

(स) .Cn (द) .Ci

उत्तर के लिए कृपया पृष्ठ सं. 165 देखें।

697. I P एड्रेस डॉट द्वारा अलग किए गए अंकों के कितने सेट से निर्मित होते हैं ?

(अ) दो (ब) चार

(स) छह (द) आठ

698. इंटरनेट एड्रेस किस रूप में संयोजित होते हैं ?

(अ) ऊपर से नीचे (ब) नीचे से ऊपर

(स) बाएँ से दाएँ (द) दाएँ से बाएँ

699. डॉट द्वारा जुदा किए गए अंकों के हिस्से क्या कहलाते हैं ?

(अ) ऑक्टेक्ट (octect) (ब) ट्रिपल

(स) क्वाड्रा (द) सेप्टा

700. एक ऑक्टेक्ट में कितना बिट इन्फॉर्मेशन होता है ?

(अ) दो (ब) चार

(स) छह (द) आठ

701. इंटरनेट एड्रेस कौन प्रदान करता है ?

(अ) इंटरनेट सोसाइटी (ब) इंटरनेट आर्किटेक्चर बोर्ड (I A B)

(स) टेलीफोन कंपनी (द) उपर्युक्त में से कोई नहीं

702. इंटरनेट का न ही कोई प्रेसिडेंट है और न ही चीफ ऑपरेटिंग ऑफिसर; कई प्राधिकरण मिलकर इसे चलाते हैं। इंटरनेट की शिखर सत्ता का क्या नाम है ?

(अ) इंटरनेट सोसाइटी (I S O C)

(ब) इंटरनेट आर्किटेक्चर बोर्ड (I A B)

(स) I E T F (द) V S N L

703. इंटरनेट सोसाइटी एक स्वैच्छिक संगठन है। इसका उद्देश्य क्या है ?

(अ) कंप्यूटर की खरीद-बिक्री को बढ़ावा देना

(व) विश्व स्तर पर सूचनाओं के आदान-प्रदान को बढ़ावा देना

(स) कंप्यूटर के उपयोग को बढ़ावा देना

(द) उपर्युक्त में से कोई नहीं

704. उपयोक्ता को इंटरनेट से जुड़ने के लिए किन चीजों की जरूरत पड़ती है ?

उत्तर के लिए कृपया पृष्ठ सं. 165 देखें।

(अ) टेलीफोन, टेलीविजन, टेलीप्रिंटर
(ब) टेलीफोन, मोडम, उपग्रह
(स) टेलीफोन, मोडम, कंप्यूटर
(द) कंप्यूटर, स्कैनर, प्रिंटर

705. इंटरनेट सर्विस प्रोवाइडर द्वारा अपने उपभोक्ता को मोडम और फोन लाइन के जरिए कनेक्ट करने की सुविधा क्या कहलाती है?
(अ) डायल इन
(ब) फोन इन
(स) टेली इन
(द) डिजिटल इन

706. एक्सेस क्या है?
(अ) कंप्यूटर की पहुँच
(ब) कंप्यूटर की ज्यादती
(स) इंटरनेट की सुविधा इस्तेमाल करने की अनुमति
(द) उपर्युक्त में से कोई नहीं

707. एक ऐसा डाटाबेस प्रोग्राम जो इंटरनेट पर हमारी तरह तथ्यों को सिलसिलेवार तरीके से ढूँढ़ने का काम करता है, क्या कहलाता है?
(अ) इंजन
(ब) सर्च इंजन
(स) एक्सप्लोरर
(द) गाइड

708. निम्नांकित में से कौन सर्च इंजन है?
(अ) डिस्कवरी
(ब) याहू
(स) रिसर्च
(द) उपर्युक्त में से कोई नहीं

709. निम्नांकित में से कौन सर्च इंजन नहीं है?
(अ) लाइकोस
(ब) वेबक्रॉलर
(स) एल्टाविस्टा
(द) कैटपाइल

710. एक ऐसा सॉफ्टवेअर जो स्क्रीन पर 'वेब पेज' दिखाने में मदद करता है और वेब पर नेविगेट करता है, क्या कहलाता है?
(अ) सर्च इंजन
(ब) ब्राउजर
(स) एक्सप्लोरर
(द) इनवेंटर

711. निम्नांकित में से कौन ब्राउजर है?
(अ) नेट स्केप नेविगेटर
(ब) माइक्रो सॉफ्ट इंटरनेट एक्सप्लोरर

उत्तर के लिए कृपया पृष्ठ सं. 165 देखें।

(स) अ और ब दोनों (द) इनमें से कोई नहीं

712. ब्राउजर दो प्रकार के होते हैं, उनके नाम बताएँ।

(अ) टेक्स्ट वनली और ग्राफिकल

(ब) मैथमेटिकल और ज्योमेट्रिकल

(स) ऐतिहासिक और राजनीतिक (द) सांस्कृतिक और आर्थिक

713. निम्नांकित में सिर्फ लिखित सामग्री (टेक्स्ट वनली) दरशानेवाला ब्राउजर कौन है ?

(अ) याहू (ब) स्मार्ट सर्च

(स) लिंक्स (LYNX) (द) डॉगपाइल

714. निम्नांकित में टेक्स्ट वनली ब्राउजर की विशेषता क्या है ?

(अ) वेब पेज खोलने में न्यूनतम समय लगाता है

(ब) वेब पेज खोलने में बहुत देर लगाता है

(स) वेब पेज दिखाता ही नहीं है

(द) उपर्युक्त में से कोई नहीं

715. ग्राफिकल ब्राउजर की विशेषता क्या है ?

(अ) मल्टि मीडिया युक्त वेब पेज दिखाना

(ब) सिर्फ टेक्स्ट दिखाना

(स) सिर्फ वीडियो क्लिप दिखाना

(द) उपर्युक्त में से कोई नहीं

716. ग्राफिकल ब्राउजर की खामी क्या है ?

(अ) वेब पेज खोलने में कम समय लेता है

(ब) फाइल डाउन लोड करने में काफी समय लेता है

(स) मल्टिमीडिया युक्त वेबपृष्ठ दिखाता है

(द) उपर्युक्त में से कोई नहीं

717. w.w.w. का पूर्ण रूप क्या है ?

(अ) वेस्ट वाइल्ड रेस्लर (ब) वर्ल्ड वाइड वेब

(स) वर्ल्ड वाइड वीडिंग (द) वर्ल्ड वाइड रेस्लिंग

718. वर्ल्ड वाइड वेब क्या है ?

(अ) ब्राउज करने की क्रिया प्रणाली (ब) विश्व स्तरीय संजाल

उत्तर के लिए कृपया पृष्ठ सं. 165 देखें।

(स) खोजी सॉफ्टवेअर (द) उपर्युक्त में से कोई नहीं

719. H T M L का पूर्ण रूप क्या है ?

(अ) हेवी थर्मल मेटल लाइन (ब) हाइपर टेक्स्ट मार्कअप लैंग्वेज

(स) हाइपर टेक्स्ट मार्कअप लाइन (द) हार्ड टेक्स्ट मार्कअप लैंग्वेज

720. वर्ल्ड वाइड वेब पर डॉक्यूमेंट किस भाषा में लिखे जाते हैं ?

(अ) हाइपर टेक्स्ट मार्कअप लैंग्वेज (ब) हाई-फाई लैंग्वेज

(स) उर्दू (द) अंग्रेजी

721. लोकेशन की पहचान के लिए वेब ब्राउजर किसकी मदद लेते हैं ?

(अ) स्कैनर (ब) लोकेटर

(स) यूनिफॉर्म रिसोर्स लोकेटर (द) उपर्युक्त में से कोई नहीं

722. U R L किसका संक्षिप्त रूप है ?

(अ) यूनिफाइड रेयर लाइन

(ब) यूनिफॉर्म रिसोर्स लोकेटर

(स) यूनिवर्सल रिवोल्यूशनरी लैंड

(द) यूनियन रिपब्लिक ऑफ लाओस

723. http का पूर्ण रूप क्या है ?

(अ) हाइपर टेक्स्ट ट्रांसफर प्रोटोकॉल

(ब) हाइपर टेक्स्ट ट्रेनिंग पोल

(स) हेवी टेली टेक्स्ट प्रोग्राम (द) हाइपर टेलीटेक्स्ट प्रोमो

724. जावा क्या है ?

(अ) ऑब्जेक्ट ओरिएंटेड प्रोग्रामिंग लैंग्वेज

(ब) सब्जेक्ट ओरिएंटेड प्रोग्रामिंग लैंग्वेज

(स) पुरानी मोटर साइकिल (द) उपर्युक्त में से कोई नहीं

725. नेटिकेट (Netiquette) क्या है ?

(अ) इंटरनेट पर अच्छे ढंग से काम करने का शिष्टाचार

(ब) एक वेब पृष्ठ (स) एक सॉफ्टवेअर

(द) उपर्युक्त में से कोई नहीं

726. नेटिजन (Netizen) की संज्ञा किसे दी गई है ?

(अ) भारतवासी को (ब) मंगलवासी को

उत्तर के लिए कृपया पृष्ठ सं. 165 देखें।

(स) अमेरिकावासी को (द) इंटरनेट उपयोक्ता को

727. डाउन लोडिंग क्या है ?

(अ) इंटरनेट से हार्ड डिस्क पर फाइल लाना

(ब) कंप्यूटर मेज से नीचे उतारना (स) उपर्युक्त दोनों

(द) उपर्युक्त में से कोई नहीं

728. पासवर्ड कितने अक्षरों का होना चाहिए

(अ) दो (ब) चार

(स) छह (द) आठ

729. इंटरनेट की सुविधा के लिए न्यूनतम किस किस्म का कंप्यूटर होना चाहिए ?

(अ) 486 प्रोसेसर युक्त, 500 MB हार्ड डिस्क और 8 MB रैम

(ब) 386 प्रोसेसर युक्त, 300 MB हार्ड डिस्क और 6 MB रैम

(स) 286 प्रोसेसर युक्त, 200 MB हार्ड डिस्क और 4 MB रैम

(द) उपर्युक्त में से कोई नहीं

730. इंटरनेट की सुविधा के लिए न्यूनतम किस क्षमता का मोडम चाहिए ?

(अ) 11. 1 kb (ब) 12. 2 kb

(स) 13. 3 kb (द) 14. 4 kb

731. वायरलेस इंटरनेट के लिए प्रयोग होनेवाली तकनीक का क्या नाम है ?

(अ) लोकल मल्टि प्वाइंट डिस्ट्रिब्यूशन सर्विस (L M D S)

(ब) मल्टि मीटर डिस्ट्रिब्यूशन सर्विस

(स) ब्रिटिश ब्रोडकास्टिंग सर्विस

(द) वायरलेस इंटरनेट सर्विस

732. वायरलेस इंटरनेट सिस्टम में डाटा डिलीवरी की दर कितनी हो सकती है ?

(अ) 50 Mbps (ब) 100 Mbps

(स) 150 Mbps (द) 155 Mbps

733. L M D S में किस आवृत्ति (फ्रीक्वेंसी) का रेडियो सिग्नल प्रयुक्त होता है ?

(अ) 7 G H Z (गीगाहर्ट्ज) (ब) 14 गीगाहर्ट्ज

(स) 21 गीगाहर्ट्ज (द) 28 गीगाहर्ट्ज

उत्तर के लिए कृपया पृष्ठ सं. 165 देखें।

734. L M D S व्यवस्था में डाटा भेजने के लिए किस तकनीक का प्रयोग होता है ?

(अ) एसिन्क्रोनस ट्रांसफर मोड (ब) सिन्क्रोनस ट्रांसफर मोड

(स) डाइरेक्ट ट्रांसफर मोड (द) इनडाइरेक्ट ट्रांसफर मोड

735. L M D S सिस्टम में अधिकतम डाटा दर के लिए क्या जरूरी शर्त है ?

(अ) बेस स्टेशन पास-पास होने चाहिए

(ब) बेस स्टेशन दूर-दूर होने चाहिए

(स) उपर्युक्त दोनों कथन सत्य हैं

(द) उपर्युक्त दोनों कथन असत्य हैं

736. एक L M D S कक्ष (cell) कितनी दूरी के दायरे में काम करता है ?

(अ) 1-2 कि.मी. (ब) 2-3 कि.मी.

(स) 2-4 कि.मी. (द) 2-5 कि.मी.

737. उपग्रह (सैटेलाइट) से इंटरनेट सिग्नल प्राप्त करने के लिए इसे किस किस्म का होना चाहिए ?

(अ) हाई अर्थ ऑरबिट (ब) लो अर्थ ऑरबिट (L E O)

(स) सोलर ऑरबिट (द) लूनर ऑरबिट

738. केबल मोडम की स्पीड कितनी होती है ?

(अ) 10 मेगाबिट प्रति सेकंड (ब) 20 मेगाबिट प्रति सेकंड

(स) 10 गीगाबिट प्रति सेकंड (द) उपर्युक्त में से कोई नहीं

उत्तर के लिए कृपया पृष्ठ सं. 166 देखें।

15

इ-मेल

739. इ-मेल का पूर्ण रूप क्या है ?

(अ) इंग्लिश मेल (ब) एंडलेस मेल

(स) इलेक्ट्रॉनिक मेल (द) इलेक्ट्रिक मेल

740. इ-मेल क्या है ?

(अ) इंटरनेट के माध्यम से संदेशों के आदान-प्रदान की एक तकनीक

(ब) कंप्यूटर के माध्यम से छपाई की तकनीक

(स) एक रेलगाड़ी (द) उपर्युक्त में से कोई नहीं

741. इ-मेल के लिए जरूरी चीजें क्या हैं ?

(अ) लिफाफा और टिकट (ब) कंप्यूटर और इंटरनेट कनेक्शन

(स) उपर्युक्त दोनों (द) उपर्युक्त में से कोई नहीं

742. इ-मेल के लिए पता (एड्रेस) कौन प्रदान करता है ?

(अ) इंटरनेट सर्विस प्रोवाइडर (ब) पोस्टमास्टर

(स) महानिदेशक, डाक विभाग (द) उपर्युक्त में से कोई नहीं

743. प्रेषक को वापस लौट आनेवाला मेल क्या कहलाता है ?

(अ) बैंक मेल (ब) रिटर्न मेल

(स) बाउंस्ड मेल (द) उपर्युक्त में से कोई नहीं

744. व्यावसायिक कंपनियों के द्वारा इ-मेल के जरिए भेजा गया संदेश क्या कहलाता है ?

(अ) जंक मेल (ब) रफ मेल

(स) बाउंस्ड मेल (द) फ्रंटियर मेल

745. इ-मेल के लिए संदेश (मेसेज) कहाँ बनाते हैं ?

(अ) नोट पैड (ब) वर्क बुक

उत्तर के लिए कृपया पृष्ठ सं. 166 देखें।

(स) मेसेज कंपोजिशन विंडो (द) उपर्युक्त में से कोई नहीं

746. इ-मेल से प्राप्त संदेश कहाँ दिखाई देता है ?

(अ) बुलेटिन बोर्ड पर (ब) मेल बॉक्स के मेसेज विंडो में

(स) मेसेज सेंटर पर (द) उपर्युक्त में से कोई नहीं

747. सर्वर से प्राप्त नए संदेश को देखने के लिए मेल विंडो में किस बटन का प्रयोग करना होगा ?

(अ) गेट मेल (ब) मेसेज मेल

(स) गो (द) व्यू

748. इलेक्ट्रॉनिक मेल के संदेश भेजे जाने हेतु प्रेषित का पता लिखने की प्रक्रिया किस प्रोग्राम के अंतर्गत संपन्न होता है ?

(अ) विंडो (ब) एड्रेस बुक

(स) मार्कर (द) हेडर्स

749. यदि मेलिंग लिस्ट में दर्ज सभी सदस्यों को संदेश भेजना हो तो कौन सा कमांड प्रयोग करना होगा ?

(अ) मेल रिफ्लेक्टर (ब) मेल सॉर्टर

(स) अर्दली (द) मेल सहायक

750. लिस्ट सर्वर क्या करता है ?

(अ) सूची बनाता है (ब) डाक छाँटता है

(स) मेलिंग लिस्ट का प्रबंधन करता है

(द) उपर्युक्त में से कोई नहीं

751. LIST SERVE नामक लिस्ट सर्वर की रचना किसने की थी ?

(अ) एरिक थॉमस (ब) एल्वा टॉमस

(स) हेनरी थॉमस (द) फ्रेडरिक

उत्तर के लिए कृपया पृष्ठ सं. 166 देखें।

16

एफ.टी.पी. और टेलनेट

752. F T P का पूर्ण रूप क्या है ?
(अ) फॉरन ट्रांसफर प्रोग्राम
(ब) फाउंडर्स ट्रांसफर प्रोटोकॉल
(स) फाइल ट्रांसफर प्रोटोकॉल (द) उपर्युक्त में से कोई नहीं

753. F T P का उपयोग किस काम में होता है ?
(अ) फाइल भेजने में (ब) फाइल सँभालने में
(स) फाइल लाइब्रेरी और आर्काइव से सूचनाएँ निकालने में
(द) उपर्युक्त में से कोई नहीं

754. F T P दो मोड में काम करता है; उनके नाम बताएँ ?
(अ) अप लोड और डाउन लोड (ब) डाइरेक्ट और इनडाइरेक्ट
(स) ट्रांसफर और पोस्टिंग (द) उपर्युक्त में से कोई नहीं

755. F T P क्लाएंट दो प्रकार के होते हैं, उनके नाम बताएँ ?
(अ) ग्राफिकल यूजर इंटरफेस और लाइन मोड
(ब) रेगुलर और एनोनिमस
(स) सर्वर और यूजर (द) उपर्युक्त में से कोई नहीं

756. ऑप्शन चुनने के लिए माउस या 'एरो की' का प्रयोग किस प्रकार के F T P क्लाएंट के अंतर्गत होता है ?
(अ) ग्राफिकल यूजर इंटरफेस F T P (ब) लाइन मोड F T P
(स) उपर्युक्त दोनों (द) उपर्युक्त में से कोई नहीं

757. T E L N E T किसका संक्षिप्त रूप है ?
(अ) टेलीप्रिंटर नेटवर्क (ब) टेलीफोन नेटवर्क
(स) टेलीविजन नेटवर्क (द) टेलीटाइप नेटवर्क

उत्तर के लिए कृपया पृष्ठ सं. 166 देखें।

758. टेलनेट प्रोग्राम क्या करता है ?

(अ) रिमॉट होस्ट मशीन पर लॉग ऑन करने की अनुमति देता है

(ब) ऑन लाइन डाटा बेस और लाइब्रेरी कैटेलॉग से कनेक्ट करता है

(स) उपर्युक्त दोनों कथन सत्य हैं

(द) उपर्युक्त दोनों कथन असत्य हैं

759. टेलनेट प्रोग्राम किसके लिए विकसित किया गया था ?

(अ) निकनेट (ब) ARPANET तकनीक

(स) बिटनेट (द) उपर्युक्त में से कोई नहीं

760. इंटरनेट की शुरुआत कहाँ हुई ?

(अ) भारत (ब) सूडान

(स) संयुक्त राज्य अमेरिका (द) ब्राजील

761. इंटरनेट प्रोजेक्ट के लिए आर्थिक मदद किसने दी थी ?

(अ) भारत का संचार मंत्रालय

(ब) संयुक्त राज्य अमेरिका का रक्षा विभाग

(स) मलेशिया का कंप्यूटर विभाग

(द) उपर्युक्त में से कोई नहीं

उत्तर के लिए कृपया पृष्ठ सं. 166 देखें।

17

कंप्यूटर और भारत

762. भारत में प्रथम डिजिटल कंप्यूटर का आगमन कब हुआ था?
(अ) 1925 ई. (ब) 1935 ई.
(स) 1945 ई. (द) 1955 ई.

763. भारत में आयातित प्रथम डिजिटल कंप्यूटर का क्या नाम था?
(अ) ABC—1 (ब) CD II
(स) H E C—2M (द) H E C—1 M

764. H E C—2 M का निर्माण किसने किया था?
(अ) ए. डी. बूथ (ब) जॉन नेपियर
(स) डेरेक (द) मैलकॉम

765. H E C—2 M का निर्माण कहाँ हुआ था?
(अ) बायरबेक कॉलेज (ब) स्टीफेंस कॉलेज, दिल्ली
(स) जॉन हॉपकिंस विश्वविद्यालय, यू.एस.ए.
(द) उपर्युक्त में से कोई नहीं

766. H E C—2M को भारत में कहाँ स्थापित किया गया था?
(अ) भारतीय सांख्यिकी संस्थान (ब) भारतीय तकनीकी संस्थान
(स) टी. आई. एफ. आर. (द) भारतीय संसद्

767. H E C—2M की मेमोरी कितनी थी?
(अ) 1 K (ब) 2 K
(स) 3 K (द) 4 K

768. H E C—2M किस किस्म का कंप्यूटर था?
(अ) ट्रांजिस्टर आधारित (ब) वाल्व आधारित
(स) माइक्रो प्रोसेसर आधारित (द) उपर्युक्त में से कोई नहीं

उत्तर के लिए कृपया पृष्ठ सं. 166 देखें।

769. भारतीय सांख्यिकी संस्थान के लिए कंप्यूटर मँगाने के प्रोजेक्ट की पहल देश के एक प्रमुख अर्थशास्त्री ने की थी; उनका नाम बताएँ?

(अ) पी.सी. महल नबीस (ब) अमर्त्य सेन
(स) कमल नयन काबरा (द) उपर्युक्त में से कोई नहीं

770. भारत में दूसरा कंप्यूटर कब आया था?

(अ) 1955 ई. (ब) 1958 ई.
(स) 1961 ई. (द) 1964 ई.

771. भारत में आयातित दूसरे कंप्यूटर का क्या नाम था?

(अ) H E C—2 M (ब) यूराल
(स) आर्यभट (द) रोहिणी

772. भारत में आयातित दूसरा कंप्यूटर कहाँ से आया?

(अ) संयुक्त राज्य अमेरिका (ब) भूतपूर्व सोवियत संघ
(स) जर्मनी (द) इटली

773. यूराल नामक कंप्यूटर के लिए आर्थिक मदद किसने दी थी?

(अ) भारत सरकार के उद्योग विभाग ने
(ब) संयुक्त राष्ट्र तकनीक सहयोग
(स) फोर्ड फाउंडेशन (द) सैमसंग कार्पोरेशन

774. भारत में आयातित दूसरा कंप्यूटर यूराल कहाँ स्थापित किया गया था?

(अ) अखिल भारतीय आयुर्विज्ञान संस्थान
(ब) महानगर टेलीफोन निगम
(स) भारतीय सांख्यिकी संस्थान (द) उपर्युक्त में से कोई नहीं

775. भारत में तीसरा कंप्यूटर कब आया था?

(अ) 1955 ई. (ब) 1958 ई.
(स) 1961 ई. (द) 1964 ई.

776. भारत के तीसरे कंप्यूटर की आपूर्ति किसने की थी?

(अ) बिल गेट्स (ब) अजीज प्रेमजी
(स) आई.बी.एम. (द) शब्बीर भाटिया

777. भारत में प्रथम व्यावसायिक कंप्यूटर कब स्थापित किया गया था?

(अ) 1961 ई. (ब) 1951 ई.

उत्तर के लिए कृपया पृष्ठ सं. 166 देखें।

(स) 1941 ई. (द) 1931 ई.

778. भारत में प्रथम व्यावसायिक कंप्यूटर कहाँ स्थापित किया गया था?
(अ) दिल्ली (ब) बंबई
(स) कलकत्ता (द) मद्रास

779. भारत में कंप्यूटर विज्ञान के क्षेत्र में गतिविधियों की शुरुआत कब हुई?
(अ) 1951 ई. (ब) 1952 ई.
(स) 1953 ई. (द) 1954 ई.

780. TIFRAC किसका संक्षिप्त रूप है?
(अ) TIFR ऑटोमैटिक कैलकुलेटर
(ब) TIFR ऑटोमोबाइल सेंटर
(स) TIFR एम्यूजमेंट सेंटर (द) उपर्युक्त में से कोई नहीं

781. TIFRAC कैलकुलेटर कहाँ बनाया गया था?
(अ) टाटा इंस्टीट्यूट ऑफ फंडामेंटल रिसर्च, मुंबई
(ब) टाटा इंस्टीट्यूट ऑफ फंडामेंटल रिसर्च, दिल्ली
(स) टाटा इंस्टीट्यूट ऑफ फंडामेंटल रिसर्च, चेन्नई
(द) उपर्युक्त में से कोई नहीं

782. TIFRAC कैलकुलेटर का निर्माण कार्य कब पूरा हुआ था?
(अ) 1955 ई. (ब) 1956 ई.
(स) 1957 ई. (द) 1959 ई.

783. इलेक्ट्रॉनिक कमीशन की स्थापना कब की गई थी?
(अ) फरवरी 1970 (ब) फरवरी 1972
(स) जनवरी 1970 (द) जनवरी 1972

784. इलेक्ट्रॉनिक्स कमीशन के पहले अध्यक्ष कौन थे?
(अ) सी.वी. रमन (ब) रामानुजन
(स) एम.जी.के. मेनन (द) एस. चंद्रशेखर

785. भारत सरकार के इलेक्ट्रॉनिकी विभाग की स्थापना कब की गई थी?
(अ) 15 फरवरी, 1970 (ब) 26 जून, 1970
(स) 26 जून, 1972 (द) 15 अगस्त, 1970

786. भारत सरकार के इलेक्ट्रॉनिकी विभाग के कंप्यूटर डेस्क का प्रथम प्रभारी

उत्तर के लिए कृपया पृष्ठ सं. 166 देखें।

किसे बनाया गया था ?

(अ) कर्नल ए. बाल सुब्रह्मण्यम (ब) सैम पित्रोदा

(स) एन. विट्ठल (द) रूसी करंजिया

787. डोमेन नामकरण के अंतर्गत भारत का संकेत क्या है ?

(अ) .india (ब) .ind

(स) .in (द) .i

788. भारतीय कंप्यूटर कंपनी इन्फोसिस के संस्थापक कौन हैं ?

(अ) रतन टाटा (ब) नारायण मूर्ति

(स) अजीम प्रेमजी (द) उपर्युक्त में से कोई नहीं

789. C- D A C कहाँ अवस्थित है ?

(अ) मुंबई (ब) पुणे

(स) कोल्हापुर (द) रत्नागिरी

790. C- D A C की स्थापना कब हुई थी ?

(अ) 1958 ई. (ब) 1968 ई.

(स) 1978 ई. (द) 1988 ई.

791. भारत के सबसे बड़े इंटरनेट सर्विस प्रोवाइडर (आई.एस.पी.) का नाम बताएँ।

(अ) विप्रो (ब) सत्यम

(स) वी.एस.एन.एल. (द) डिशनेट

792. भारत में सुपर कंप्यूटर का प्रथम प्रोटोटाइप कब बना था ?

(अ) 1990 ई. (ब) 1991 ई.

(स) 1980 ई. (द) 1981 ई.

793. भारत में निर्मित सुपर कंप्यूटर के प्रथम प्रोटोटाइप का क्या नाम था ?

(अ) परम 500 (ब) परम 5000

(स) परम 800 (द) परम 8000

794. परम शृंखला के नवीनतम सुपर कंप्यूटर का क्या नाम है ?

(अ) परम 8000 (ब) परम 9000

(स) परम 10000 (द) परम अनंत

795. N P S F का पूर्ण रूप क्या है ?

उत्तर के लिए कृपया पृष्ठ सं. 166 देखें।

(अ) नेशनल परम सुपर कंप्यूटिंग फैसिलिटी

(ब) नॉर्थ प्रोविंस स्टूडेंट्स फैसिलिटी

(स) नेशनल प्रीमियर सीरिज फोरम

(द) उपर्युक्त में से कोई नहीं

796. नेशनल परम सुपर कंप्यूटिंग फैसिलिटी कहाँ अवस्थित है ?

(अ) पुणे (महाराष्ट्र) (ब) भोपाल (मध्य प्रदेश)

(स) राँची (झारखंड) (द) रायपुर (छत्तीसगढ़)

797. C-DAC ने कंप्यूटर द्वारा देवनागरी लिपि को पहचानने के लिए एक सॉफ्टवेअर बनाया है, उसका क्या नाम है ?

(अ) देवनागरी ऑप्टिकल कैरेक्टर रिकोग्निशन (DOCR)

(ब) मराठी ऑप्टिकल कैरेक्टर रिकोग्निशन (MOCR)

(स) उपर्युक्त दोनों (द) उपर्युक्त में से कोई नहीं

798. भारतीय भाषा के पहले सर्च इंजन का क्या नाम है ?

(अ) अर्जुन (ब) खोज

(स) तलाश (द) द्रोण

799. NMRC सी-डेक का एक अंग है। इसका पूर्ण रूप क्या है ?

(अ) नार्थ मेट्रो रेल कॉर्पोरेशन (ब) न्यू मेट्रो रेल सेंटर

(स) नेशनल मल्टि मीडिया रिसोर्स सेंटर

(द) उपर्युक्त में से कोई नहीं

800. NMRC ने भारत का पहला 'क्लाएंट सर्वर मल्टिमीडिया रिपोजटरी' प्रारंभ किया है। उसका क्या नाम है ?

(अ) NMRC पोर्टल (ब) MCRC पोर्टल

(स) CMB पोर्टल (द) TIFR पोर्टल

801. NICNET उपग्रह आधारित नेटवर्क है, जो भारत के प्रत्येक गाँव, शहर, जिलों के आँकड़े जमा करती है। इसका पूर्ण रूप क्या है ?

(अ) नेशनल इन्फॉर्मेशन सेंटर नेटवर्क

(ब) न्यूज इन्फॉर्मेशन सेंटर नेटवर्क

(स) नॉर्थ इंडिया कोर नेटवर्क (द) उपर्युक्त में से कोई नहीं

802. नेशनल इन्फॉर्मेशन सेंटर (NIC) का मुख्यालय कहाँ है ?

उत्तर के लिए कृपया पृष्ठ सं. 166 व 167 देखें।

(अ) दिल्ली
(ब) देहरादून
(स) दीमापुर
(द) दमोह

803. भारत में शैक्षिक और शोध संबंधी कार्यों के लिए बनाए गए नेटवर्क का क्या नाम है ?
(अ) Ed net
(ब) ER net
(स) E net
(द) R net

804. भारत का ही नहीं बल्कि विश्व का पहला हिंदी पोर्टल कौन सा है ?
(अ) वेबदुनिया.कॉम
(ब) जागरण.कॉम
(स) पंजाब केसरी.कॉम
(द) उपर्युक्त में से कोई नहीं

805. भारत के उस पहले राज्य का नाम बताएँ जहाँ सेल फोन उपभोक्ता अपने मोबाइल फोन पर नेट सर्फिंग करने में सक्षम हैं ?
(अ) महाराष्ट्र
(ब) कर्नाटक
(स) आंध्र प्रदेश
(द) गुजरात

806. सी-डेक द्वारा निर्मित बहुभाषी सॉफ्टवेअर का क्या नाम है ?
(अ) इ-लिप
(ब) अक्षर
(स) शब्द
(द) उपर्युक्त में से कोई नहीं

807. भारत का सबसे बड़ा इंटरनेट सर्विस प्रोवाइडर कौन है ?
(अ) विदेश संचार निगम लिमिटेड
(ब) महानगर टेलीफोन निगम लिमिटेड
(स) सत्यम ऑन लाइन
(द) मंत्र ऑन लाइन

808. भाभा एटॉमिक रिसर्च सेंटर (BARC) के कंप्यूटर विभाग द्वारा निर्मित पैरेलल कंप्यूटर का क्या नाम है ?
(अ) परम
(ब) अनुपम
(स) शौर्य
(द) पराक्रम

809. रक्षा एवं अनुसंधान विकास संगठन (DRDO) के एडवांस्ड न्यूमेरिकल रिसर्च एंड एनालिसिस ग्रुप द्वारा निर्मित कंप्यूटर का क्या नाम है ?
(अ) पेस (PACE)
(ब) अनुपम
(स) परम
(द) तेज

810. PACE का पूर्ण रूप क्या है ?

उत्तर के लिए कृपया पृष्ठ सं. 167 देखें।

(अ) प्रोसेसर फॉर एरोडायनामिक कंप्यूटेशंस एंड इवैलूएशंस
(ब) प्रोसेसर एंड कंप्यूटेशन एलीमेंट
(स) प्रोसेसर एंड सिरामिक एलीमेंट (द) उपर्युक्त में से कोई नहीं

811. फ्लोसॉल्वर नामक कंप्यूटर का निर्माण किसने किया है ?
(अ) नेशनल एयरोनॉटिकल लैबोरेटरी, बंगलौर
(ब) टाटा इंस्टीट्यूट ऑफ फंडामेंटल रिसर्च, मुंबई
(स) एम.एस. स्वामीनाथन फाउंडेशन
(द) नेशनल फाउंडेशन फॉर रिसर्च

812. फ्लोसॉल्वर का काम क्या है ?
(अ) हवाई जहाज उड़ाना
(ब) द्रव और वायुगतिकी की समस्याओं का हल करना
(स) इंजीनियरिंग के डिजाइन बनाना
(द) उपर्युक्त में से कोई नहीं

813. फ्लोसॉल्वर का प्रथम संस्करण किस नाम से जाना जाता है ?
(अ) M K-I (ब) M K- 2
(स) M K- 3 (द) M K- 4

814. भारत के किस शहर को 'सिलिकन वैली' की संज्ञा मिली है ?
(अ) हैदराबाद (ब) त्रिवेंद्रम
(स) बंगलौर (द) चेन्नई

815. भारतीय संसद् में 'इन्फॉर्मेशन टेक्नोलॉजी बिल' कब पास हुआ था ?
(अ) नवंबर 1999 (ब) 15 मई, 2000
(स) 26 जनवरी, 2000 (द) 15 अगस्त, 2000

816. इन्फॉर्मेशन टेक्नोलॉजी बिल में क्या खास बात है ?
(अ) ई-कामर्स के लिए कानूनी दायरा तय करना
(ब) कंप्यूटर अपराध को रोकने के लिए जरूरी कदम
(स) उपर्युक्त दोनों कथन सत्य हैं
(द) उपर्युक्त दोनों कथन असत्य हैं

817. भारतीय सूचना तकनीक कानून किससे अंगीकृत किया गया है ?
(अ) यूनाइटेड नेशंस कमीशन ऑन इंटरनेशनल ट्रेड लॉ (UNCITR

उत्तर के लिए कृपया पृष्ठ सं. 167 देखें।

AL)

(ब) माइक्रोसॉफ्ट कॉर्पोरेशन

(स) फोर्ड फाउंडेशन (द) केबल न्यूज नेटवर्क

818. सांख्य वाहिनी प्रोजेक्ट का उद्देश्य क्या है ?

(अ) इंटरनेट कनेक्टिविटी की रफ्तार बढ़ाने के लिए बैंडविड्थ का विस्तार

(ब) इंटरनेट सुरक्षा के लिए सेना निर्माण

(स) कंप्यूटरों की सुरक्षा के लिए सॉफ्टवेअर निर्माण

(द) उपर्युक्त में से कोई नहीं

उत्तर के लिए कृपया पृष्ठ सं. 167 देखें।

18

कंप्यूटर और कैरियर

819. P G D C A का पूर्ण रूप क्या है ?
(अ) पोस्टग्रेजुएट डिप्लोमा इन कंप्यूटर एप्लिकेशन
(ब) पोस्टग्रेजुएट डिप्लोमा इन सिरामिक एप्लिकेशन
(स) पोस्टग्रेजुएट डिप्लोमा इन क्रिएटिव एप्लिकेशन
(द) उपर्युक्त में से कोई नहीं

820. B C A का पूर्ण रूप क्या है ?
(अ) बैचलर इन कंप्यूटर एप्लिकेशन
(ब) बैचलर इन कूरियर एंड एविएशन
(स) बैचलर इन कोरोनरी एप्लिकेशन
(द) उपर्युक्त में से कोई नहीं

821. M C A का पूर्ण रूप क्या है ?
(अ) मास्टर इन चिप्स एडवांसमेंट
(ब) मास्टर इन कमर्शियल एप्लिकेशन
(स) मास्टर इन कंप्यूटर एप्लिकेशन (द) उपर्युक्त में से कोई नहीं

822. निम्नांकित में से किस स्थान पर M C A की पढ़ाई नहीं होती है ?
(अ) जवाहरलाल नेहरू विश्वविद्यालय, नई दिल्ली
(ब) अलीगढ़ मुसलिम विश्वविद्यालय, अलीगढ़
(स) बी.आई.टी. मेसरा, राँची
(द) विनोबा भावे विश्वविद्यालय, हजारीबाग

823. M C A कितने वर्षों का पाठ्यक्रम है ?
(अ) एकवर्षीय (ब) त्रिवर्षीय
(स) द्विवर्षीय (द) पंचवर्षीय

उत्तर के लिए कृपया पृष्ठ सं. 167 देखें।

824. M C A पाठ्यक्रम के लिए न्यूनतम योग्यता क्या है ?

(अ) स्नातक की डिग्री और बारहवीं कक्षा तक गणित

(ब) इंटरमीडिएट गणित के साथ

(स) भौतिकी में स्नातकोत्तर

(द) उपर्युक्त में से कोई नहीं

825. डिप्लोमा और प्रमाण-पत्र पाठ्यक्रमों के लिए न्यूनतम शैक्षणिक योग्यता क्या है ?

(अ) इंटरमीडिएट

(ब) स्नातक

(स) स्नातकोत्तर

(द) उपर्युक्त में से कोई नहीं

826. रिलेशनल डाटा बेसेज मैनेजमेंट सिस्टम (R D B M S) के बाजार में कौन अग्रणी हैं ?

(अ) ओरेकल

(ब) पास्कल

(स) डी बेस

(द) कोबोल

उत्तर के लिए कृपया पृष्ठ सं. 167 देखें।

19

विविधा

827. जब एक प्रिंटेड सर्किट बोर्ड पर कई इंटिग्रेटिड सर्किट लगाते हैं तो यह क्या कहलाती है ?

(अ) रैम (RAM) (ब) रॉम (ROM)
(स) सिम (SIM) (द) उपर्युक्त में से कोई नहीं

828. मदरबोर्ड के जिस भाग में इनपुट और आउटपुट कार्ड लगाते हैं, उसे क्या कहते हैं ?

(अ) एक्सपेंसन स्लॉट (ब) इनपुट स्लॉट
(स) सॉकेट (द) उपर्युक्त में से कोई नहीं

829. मदर बोर्ड में जिस स्थान पर रैम को लगाते हैं वह क्या कहलाता है ?

(अ) रैम स्टैंड (ब) मेमोरी बैंक
(स) रॉम किट (द) उपर्युक्त में से कोई नहीं

830. कंप्यूटर का बेसिक इनपुट-आउटपुट सिस्टम क्या कहलाता है ?

(अ) BIOS (ब) CPU
(स) ALU (द) उपर्युक्त में से कोई नहीं

831. BIOS के निम्नांकित कामों में कौन सा असत्य है ?

(अ) यह मदर बोर्ड के सभी सर्किटों का आपस में संबंध बनाकर रखता है
(ब) यह माइक्रो प्रोसेसर को काम करने का निर्देश देता है
(स) उपर्युक्त दोनों कथन सत्य हैं
(द) यह सॉफ्टवेअर कॉपी करता है

832. कंप्यूटर के ऑन होने से ले A प्रॉम्प्ट या C प्रॉम्प्ट तक पहुँचने की प्रक्रिया क्या कहलाती है ?

उत्तर के लिए कृपया पृष्ठ सं. 167 देखें।

(अ) वार्मिंग (ब) बूटिंग
(स) रनिंग (द) उपर्युक्त में से कोई नहीं

833. जब कंप्यूटर का मेन स्विच ऑफ करके ऑन किया जाता है तो यह क्या कहलाता है ?
(अ) कोल्ड बूटिंग (ब) वार्म बूटिंग
(स) उपर्युक्त दोनों (द) उपर्युक्त में से कोई नहीं

834. जब कंप्यूटर को Ctrl+ Alt +Del 'की' द्वारा ऑफ किया जाता है, यह क्या कहलाता है ?
(अ) कोल्ड बूटिंग (ब) वार्म बूटिंग
(स) उपर्युक्त दोनों (द) उपर्युक्त में से कोई नहीं

835. जो फाइलें D I R Command के प्रयोग के द्वारा मॉनिटर पर नहीं दिखाई देती हैं, क्या कहलाती हैं ?
(अ) हिडेन फाइल (ब) प्रोग्राम फाइल
(स) बैड फाइल (द) उपर्युक्त में से कोई नहीं

836. यूनिक्स (Unix) क्या है ?
(अ) यह एक मल्टि यूजर, मल्टि टास्किंग ऑपरेटिंग सिस्टम है
(ब) यह स्कैनिंग प्रोग्राम है
(स) यह प्रिंटिंग सॉफ्टवेअर है (द) उपर्युक्त में से कोई नहीं

837. यूनिक्स ऑपरेटिंग सिस्टम की लैंग्वेज क्या है ?
(अ) 'A' (ब) 'B'
(स) 'C' (द) 'D'

838. यूनिक्स के निर्माण का श्रेय किसे जाता है ?
(अ) एटी एंड टी (ब) इंटेल
(स) बेल लैबोरेटरी (द) कोरल

839. C O B O L क्या है ?
(अ) कॉमन बिजनेस ओरिएंटेड लैंग्वेज
(ब) एक विशेष प्रकार का कंप्यूटर
(स) एक विशेष प्रकार का स्कैनर
(द) उपर्युक्त में से कोई नहीं

उत्तर के लिए कृपया पृष्ठ सं. 167 देखें।

840. C O B O L प्रोग्राम कब विकसित हुआ ?

(अ) 1948 ई. (ब) 1958 ई.

(स) 1968 ई. (द) 1978 ई.

841. C O B O L प्रोग्राम के निर्माण का श्रेय किसे जाता है ?

(अ) इंडियन इंस्टीट्यूट ऑफ टेक्नोलॉजी

(ब) अमेरिकन नेशनल स्टैंडर्ड्स इंस्टीट्यूट

(स) बेल लैबोरेटरी

(द) उपर्युक्त में से कोई नहीं

842. d BASE नामक सॉफ्टवेअर कब निर्मित हुआ था ?

(अ) 1965 ई. (ब) 1975 ई.

(स) 1980 ई. (द) 1985 ई.

843. d BASE नामक सॉफ्टवेअर का निर्माण किसने किया था ?

(अ) वेन रैटलिफ (ब) पास्कल

(स) नेपियर (द) उपर्युक्त में से कोई नहीं

844. स्क्रीन पर उभरने वाले मार्क या ब्लिप, जो पोजीशन दरशाते हैं, क्या कहलाते हैं ?

(अ) कर्सर (ब) मार्कर

(स) ब्लिप (द) उपर्युक्त में से कोई नहीं

845. BASIC लैंग्वेज का विकास कब हुआ था ?

(अ) 1961 ई. (ब) 1964 ई.

(स) 1971 ई. (द) 1974 ई.

846. BASIC लैंग्वेज का निर्माण किसने किया था ?

(अ) वैन रैटलिफ

(ब) प्रो. जे.ई. कोमेनी और प्रो. पी.ई. कट्‌र्ज

(स) बिल गेट्स (द) शब्बीर भाटिया

847. कंप्यूटर की आवाज को सुनने या कंप्यूटर में आवाज को रिकॉर्ड करने के लिए किस कार्ड का प्रयोग किया जाता है ?

(अ) साउंड कार्ड (ब) वी.जी.ए. कार्ड

(स) एच.जी.ए. कार्ड (द) उपर्युक्त में से कोई नहीं

उत्तर के लिए कृपया पृष्ठ सं. 167 देखें।

848. कनेक्शनों के कंपोनेंट से युक्त समूह को क्या कहते हैं ?

(अ) बस (ब) ब्लॉक

(स) किट (द) यार्ड

849. टेलीविजन का प्रयोग कंप्यूटर की तरह करने के लिए कंप्यूटर को टेलीविजन से किस कार्ड के जरिए कर सकते हैं ?

(अ) साउंड कार्ड (ब) पाल कार्ड

(स) ग्राफिक्स कार्ड (द) उपर्युक्त में से कोई नहीं

850. जिन इलेक्ट्रॉनिक कार्ड को मदर बोर्ड से जोड़ा जाता है उसे क्या कहते हैं ?

(अ) डॉटर बोर्ड (ब) सिंगल बोर्ड

(स) सिग्नल बोर्ड (द) उपर्युक्त में से कोई नहीं

851. कंप्यूटर में एक स्थिर विद्युत् धारा का प्रवाह कौन करता है ?

(अ) सेमी कंडक्टर

(ब) कॉन्स्टैंट वोल्टेज स्टेबिलाइजर (C V T)

(स) रेक्टिफायर (द) उपर्युक्त में से कोई नहीं

852. अनइंटरप्टेड पावर सप्लाई (U P S) क्या करता है ?

(अ) AC वोल्टेज को DC वोल्टेज में बदलता है

(ब) DC वोल्टेज को AC वोल्टेज में बदलता है

(स) उपर्युक्त दोनों कथन सत्य हैं

(द) उपर्युक्त दोनों कथन असत्य हैं

853. I S D N पहली बार कब शुरू किया गया ?

(अ) 1960 ई. (ब) 1970 ई.

(स) 1980 ई. (द) 1990 ई.

854. I S D N पहली बार कहाँ शुरू किया गया ?

(अ) सिंगापुर (ब) हांगकांग

(स) मलेशिया (द) ताइवान

855. मॉनिटर के स्क्रीन की चमक खत्म करने के लिए एंटी ग्लेयर कोटिंग के रूप में किस चीज का लेप चढ़ाया जाता है ?

(अ) पोटैशियम फ्लोराइड (ब) मैग्नेशियम फ्लोराइड

उत्तर के लिए कृपया पृष्ठ सं. 167 व 168 देखें।

(स) जिंक क्लोराइड (द) कॉपर क्लोराइड

856. विश्व का पहला 'इंटरटेनमेंट वेब कास्टिंग पोर्टल' कौन सा है ?

(अ) Webdunia.com (ब) Women.com

(स) Poetry.com (द) numtv.com

857. 1 पिको सेकंड किसके बराबर है ?

(अ) 10–8 सेकंड (ब) 10–10 सेकंड

(स) 10–12 सेकंड (द) 10–14 सेकंड

858. प्रोटीन बायोचिप्स क्या है ?

(अ) सिलिकन कंप्यूटर चिप्स और जैविक प्रोटीन से निर्मित चिप्स

(ब) प्रोटीन और कार्बोहाइड्रेड से निर्मित चिप्स

(स) वनस्पति प्रोटीन और जंतु प्रोटीन से निर्मित चिप्स

(द) उपर्युक्त में से कोई नहीं

859. प्रोटीन बायोचिप्स किस काम में मदद करेगा ?

(अ) फसलों की बीमारियों की पहचान में

(ब) दवा बनाने के लिए जैव रसायन वाले पौधों की पहचान में

(स) उपर्युक्त दोनों कथन सत्य हैं

(द) उपर्युक्त दोनों कथन असत्य हैं

860. प्रोटीन बायोचिप्स का निर्माण किसने किया ?

(अ) परड्यू विश्वविद्यालय के वैज्ञानिकों ने

(ब) हावर्ड विश्वविद्यालय के वैज्ञानिकों ने

(स) बेल लैबोरेटरी ने (द) बिल गेट्स ने

861. 'C' क्या है ?

(अ) एक अक्षर है (ब) एक डिजाइन है

(स) प्रोग्रामिंग लैंग्वेज है (द) उपर्युक्त में से कोई नहीं

862. CMOS किसका संक्षिप्त रूप है ?

(अ) सेंट्रल मेटल ओवन सिस्टम

(ब) कंप्लिमेंटरी मेटल ऑक्साइड सेमीकंडक्टर

(स) सेंट्रल मॉनिटर ऑफ स्टेट (द) उपर्युक्त में से कोई नहीं

863. कृत्रिम बुद्धि विज्ञान (साइंस ऑफ आर्टिफिशियल इंटेलिजेंस) का जनक

उत्तर के लिए कृपया पृष्ठ सं. 168 देखें।

किसे माना जाता है ?

(अ) फ्रेडरिक एंगेल्स (ब) ए.डी. लवलेस

(स) एलान ट्यूरिंग (द) इयूहरिंग

864. 'कंप्यूटिंग मशीनरी एंड इंटेलिजेंस' नामक मशहूर लेख किसने लिखा ?

(अ) एलान ट्यूरिंग (ब) होवार्ड एकेन

(स) असीमोव (द) स्टीफेन हॉकिंस

865. इंटिग्रेटिड सर्किट (I C) युक्त प्रथम कंप्यूटर का निर्माण किसने किया ?

(अ) एल्टॉस (ब) केपलर

(स) जीन एमडेल (द) कोपरनिकस

866. उस प्रथम माइक्रो कंप्यूटर का नाम बताएँ जिसमें एक ही बक्से में मेमोरी इंटेलिजेंस, इनपुट-आउटपुट की-बोर्ड और वीडियो डिस्प्ले यूनिट लगे थे ?

(अ) एप्पल-I (ब) एप्पल-II

(स) एप्पल-III (द) एप्पल- IV

867. एप्पल-I का निर्माण किसने किया था ?

(अ) जीन एमडेल (ब) राइट ब्रदर्स

(स) स्टीफन वॉजनियाक और स्टीवन जॉब्स

(द) उपर्युक्त में से कोई नहीं

868. FORTRAN नामक प्रोग्रामिंग लैंग्वेज किसने विकसित किया ?

(अ) जॉन फॉरट्रान (ब) जॉन बैकस

(स) जॉन ब्राड (द) जॉन पिट

869. उस प्रोटीन का नाम बताएँ जो सैद्धांतिक तौर पर एक वर्ग सेंटीमीटर में 10,000 मेगाबाइट इन्फॉर्मेशन स्टोर करने में सक्षम है ?

(अ) बैक्टीरिया होडॉप्सिन (ब) बायो प्रोटीन

(स) एनिमल प्रोटीन (द) उपर्युक्त में से कोई नहीं

870. प्रथम इलेक्ट्रॉनिक कंप्यूटर कब बना ?

(अ) 1929 ई. (ब) 1919 ई.

(स) 1939 ई. (द) 1949 ई.

871. प्रथम इलेक्ट्रॉनिक कंप्यूटर निर्माण का श्रेय किसे जाता है ?

उत्तर के लिए कृपया पृष्ठ सं. 168 देखें।

(अ) जॉन गोल्डविन (ब) बिल एट्केंस

(स) बेरी क्लिफोर्ड (द) बाइरन

872. सॉलिड स्टेट डायोड युक्त प्रथम कंप्यूटर का क्या नाम था?

(अ) बाइनरी ऑटोमैटिक कंप्यूटर (B I N A C)

(ब) एप्पल-II

(स) B I N A C—II (द) उपर्युक्त में से कोई नहीं

873. 'इन्फॉर्मेशन स्टोरेज' के लिए मैग्नेटिक टेप प्रयोग करनेवाले प्रथम कंप्यूटर का नाम बताएँ?

(अ) एनालिटिकल इंजन (ब) बाइनरी ऑटोमैटिक कंप्यूटर

(स) एप्पल-I (द) उपर्युक्त में से कोई नहीं

874. बाइनरी ऑटोमैटिक कंप्यूटर का निर्माण कब हुआ था?

(अ) 1929 ई. (ब) 1949 ई.

(स) 1959 ई. (द) 1969 ई.

875. बाइनरी ऑटोमैटिक कंप्यूटर का निर्माण किसने किया था?

(अ) जॉन इकर्ट और मौकली (ब) बेरी क्लिफोर्ड

(स) रॉबर्ट ओवन (द) सेंट साइमन

876. ग्राफिक्स के लिए कंप्यूटर की मेमोरी में आरक्षित स्थान क्या कहलाता है?

(अ) बिट प्लेस (ब) बिट मैप

(स) बिट पैटर्न (द) बिट डिस्प्ले

877. विश्व का प्रथम एनालॉग कंप्यूटर कब निर्मित हुआ था?

(अ) 1900 ई. (ब) 1910 ई.

(स) 1920 ई. (द) 1930 ई.

878. विश्व के प्रथम एनालॉग कंप्यूटर का निर्माता कौन था?

(अ) वेनेवर बुश (ब) जॉर्ज बुश

(स) बुश जूनियर (द) रोनाल्ड रीगन

879. कंप्यूटर एडेड डिजाइन (C A D) क्या है?

(अ) इंजीनियरिंग ड्रॉइंग सॉफ्टवेअर

(ब) फैशन डिजाइन सॉफ्टवेअर

उत्तर के लिए कृपया पृष्ठ सं. 168 देखें।

(स) सिरामिक डिजाइन सॉफ्टवेअर (द) उपर्युक्त में से कोई नहीं

880. प्रथम सफल ब्रिटिश इलेक्ट्रॉनिक कंप्यूटर का क्या नाम था ?

(अ) अपोलो (ब) जूडस

(स) कोलोसस-I (द) प्रोमेथियस

881. उच्चतर जीव और मशीन की सूचना संबंधी क्षमताओं और नियंत्रण संचार का तुलनात्मक और सिलसिलेवार अध्ययन क्या कहलाता है ?

(अ) जेनेटिक्स (ब) साइबरनेटिक्स

(स) रोबोटिक्स (द) उपर्युक्त में से कोई नहीं

882. इलेक्ट्रो मेकैनिकल रोबोट युक्त व्यक्ति को किसकी संज्ञा दी जाती है ?

(अ) साइबोर्ग (ब) रोबोर्ग

(स) रोबोकोप (द) इलेक्ट्रोर्ग

883. कंप्यूटर नियंत्रित एक्स-रे तकनीक क्या कहलाती है ?

(अ) कंप्यूटर एडेड डिजाइन

(ब) कंप्यूटराइज्ड एक्सियल टोमोग्राफी

(स) कंप्यूटर एसिस्टेड इंस्ट्रक्शन (द) उपर्युक्त में से कोई नहीं

884. कंप्यूटर संग्रहालय कहाँ स्थित है ?

(अ) बोस्टन, संयुक्त राज्य अमेरिका (ब) नई दिल्ली, भारत

(स) म्यूनिख, जर्मनी (द) ओटावा, कनाडा

885. कंप्यूटर पर ज्यादा देर तक काम करनेवाले को क्या पुकारते हैं ?

(अ) कंप्यूटर वर्कर (ब) कंप्यूटर्निक

(स) साइबर पर्सन (द) उपर्युक्त में से कोई नहीं

886. 'कृत्रिम बुद्धि' विषय पर मशहूर पुस्तक 'द फिफ्थ जेनरेशन' का लेखक कौन है ?

(अ) कैंपबेल (ब) कार्ल सगान

(स) फीगेनबॉम (द) आइजक असीमोव

887. विश्व में कंप्यूटर विज्ञान का प्रथम प्रोफेसर किसे माना जाता है ?

(अ) फ्रेडरिक कॉल (ब) टॉम किलबर्न

(स) साइबोर्ग (द) अजीज प्रेमजी

888. निम्नांकित में से कौन हार्ड डिस्क बनानेवाली कंपनी नहीं है ?

उत्तर के लिए कृपया पृष्ठ सं. 168 देखें।

(अ) फुजित्सु (ब) हिटाची
(स) सीगेट (द) फिलिप्स

889. मॉनिटर पर जिस तकनीक के द्वारा आकृतियाँ (Images) बनती हैं उसे क्या कहते हैं ?
(अ) वेक्टर ग्राफिक्स (ब) इमेज तकनीक
(स) सिलिकन ग्राफिक्स (द) उपर्युक्त में से कोई नहीं

890. मॉनिटर में बीम्स (Beams) को नियंत्रित करने के लिए किसका उपयोग करते हैं ?
(अ) रिफ्लेक्शन ट्यूब (ब) डिफ्लेक्शन कॉएल
(स) सेमीकंडक्टर (द) वाल्व

891. एक प्रिंटर को दो अलग-अलग कंप्यूटरों के साथ जोड़ सकनेवाला उपकरण क्या कहलाता है ?
(अ) केबल (ब) प्रिंटर शेयरर
(स) कनेक्शन पिन (द) उपर्युक्त में से कोई नहीं

892. रोबोट निर्माण में प्रयोग होनेवाले कंप्यूटर तकनीक को क्या कहते हैं ?
(अ) साइबरनेटिक्स (ब) जेनेटिक्स
(स) रोबोटिक्स (द) उपर्युक्त में से कोई नहीं

893. कंप्यूटर की प्रोसेसिंग स्पीड को किसकी मदद से घटा या बढ़ा सकते हैं ?
(अ) माइक्रो प्रोसेसर (ब) ब्रिज
(स) टर्बो स्विच (द) हार्ड डिस्क

894. सिलिकन क्रिस्टल द्वारा ट्रांजिस्टर बनाने की प्रक्रिया क्या कहलाती है ?
(अ) डोपिंग (ब) मास्किंग
(स) माउंटिंग (द) उपर्युक्त में से कोई नहीं

895. मॉनिटर (V D U) को और किस नाम से जानते हैं ?
(अ) कनसोल (Console) (ब) टर्मिनल
(स) रॉस्टर (द) व्यू प्वाइंट

896. किसी भी सॉफ्टवेअर की गलतियाँ ढूँढ़ने की प्रक्रिया क्या कहलाती है ?
(अ) डिफ्रैग (Defrag) (ब) डिबग (Debug)
(स) डिलीट (Delete) (द) उपर्युक्त में से कोई नहीं

उत्तर के लिए कृपया पृष्ठ सं. 168 देखें।

897. कम्यूनिकेशन चैनल की सूचना वहन करने की क्षमता की माप क्या कहलाती है ?

(अ) बैंडविड्थ (ब) ओम

(स) एंगस्ट्रम (द) मीटर

898. बैंडविड्थ से संबंधित निम्नांकित कथन में कौन सा सत्य है ?

(अ) बैंडविड्थ कम होगी तो क्षमता बढ़ेगी

(ब) बैंडविड्थ ज्यादा होगी तो क्षमता घटेगी

(स) बैंडविड्थ ज्यादा होगी तो क्षमता बढ़ेगी

(द) उपर्युक्त सभी कथन सत्य हैं।

899. बैंडविड्थ के माप की इकाई क्या है ?

(अ) हर्ट्ज (Hz) (ब) डेसीबल

(स) ग्राम (द) मीटर

900. हॉटमेल के संस्थापक का क्या नाम है ?

(अ) डॉ. राज रेड्डी (ब) शब्बीर भाटिया

(स) रंगनाथ मिश्रा (द) समीर अमीन

901. इंटरनेट की शुरुआत कब हुई थी ?

(अ) 1939 ई. (ब) 1949 ई.

(स) 1959 ई. (द) 1969 ई.

902. ARPANET किसका संक्षिप्त रूप है ?

(अ) एडवांस्ड रिसर्च प्रोजेक्ट्स एजेंसी नेटवर्क

(ब) एडवांस्ड रेडियो पॉवर्स एंड नेटवर्क

(स) एडवांस्ड रिसर्च प्रोजेक्ट एंड न्यू इमीशन टेक्नोलॉजी

(द) उपर्युक्त में से कोई नहीं

903. ARPANET से कितने कंप्यूटर जुड़े थे ?

(अ) 10 (ब) 20

(स) 30 (द) 40

904. दो समान लोकल एरिया नेटवर्क को जोड़नेवाला उपकरण क्या कहलाता है।

(अ) ब्रिज (ब) एसेंबलर

उत्तर के लिए कृपया पृष्ठ सं. 168 देखें।

(स) कनेक्टर (द) उपर्युक्त में से कोई नहीं

905. 'एप्लिकेशन' का क्या तात्पर्य है ?
(अ) सॉफ्टवेअर (ब) प्रोटोकॉल
(स) कंप्यूटर द्वारा संपन्न काररवाई (द) उपर्युक्त में से कोई नहीं

906. प्रेषण और ग्रहण दोनों ही कार्य करनेवाला उपकरण क्या कहलाता है ?
(अ) रिसीवर (ब) ट्रांसमीटर
(स) ट्रांसीवर (द) वर्क स्टेशन

907. A P L नामक प्रोग्रामिंग लैंग्वेज किसने विकसित की थी ?
(अ) ग्रियर्सन (ब) केनेथ इ. इवर्सन
(स) जॉनसन सैम (द) स्टीवेंसन ग्रिड

908. D O S द्वारा प्रयोग किए हुए सेक्टर के समूह क्या कहलाते हैं ?
(अ) डिस्क (ब) ऑपरेटर
(स) क्लस्टर (द) ग्रुप

909. डिस्क के जिस भाग में सभी क्लस्टरों की सूचना इकट्ठी रहती है उसे क्या कहते हैं ?
(अ) फाइल लोकेशन टेबल (ब) इन्फॉर्मेशन स्टोर
(स) हार्ड डिस्क (द) फ्लॉपी डिस्क

910. हार्ड डिस्क में जिस स्थान पर D O S की बूटिंग फाइल लिखी होती है उस स्थान को क्या कहते हैं ?
(अ) डाटा सेक्टर (ब) बूट सेक्टर
(स) सिलिंडर (द) बैड सेक्टर

911. हार्ड डिस्क को फॉर्मेट करने पर कंप्यूटर हार्ड डिस्क की सारी जानकारी जिस स्थान पर लिख देता है उसे क्या कहते हैं ?
(अ) बूट सेक्टर (ब) डाटा सेक्टर
(स) पार्टिशन टेबल (द) उपर्युक्त में से कोई नहीं

912. डाटा स्टोर करने का पहला मैग्नेटिक सिस्टम क्या था ?
(अ) टेप (ब) फ्लॉपी
(स) सी डी (द) हार्ड डिस्क

913. टेप किस चीज का बना होता है ?

उत्तर के लिए कृपया पृष्ठ सं. 168 देखें।

(अ) कागज (ब) रबर
(स) प्लास्टिक पोलियस्टर (द) उपर्युक्त में से कोई नहीं

914. टेप पर किस चीज की लेप चढ़ी होती है ?
(अ) मैग्नेटिक ऑक्साइड (ब) कॉपर ऑक्साइड
(स) मरक्यूरिक क्लोराइड (द) सिल्वर नाइट्रेट

915. ओपन रील टेप में कितने ट्रैक होते हैं ?
(अ) तीन (ब) पाँच
(स) सात (द) नौ

916. वास्ट डिवाइस क्या होता है ?
(अ) वीडियो कैसेट रिकॉर्डर (ब) वीडियो कैसेट प्लेयर
(स) ऑडियो कैसेट रिकॉर्डर (द) उपर्युक्त में से कोई नहीं

917. वास्ट डिवाइस की डाटा लेखन गति कितनी होती है ?
(अ) 100 इंच प्रति सेकंड (ब) 148.4 इंच प्रति सेकंड
(स) 200 इंच प्रति सेकंड (द) 248.4 इंच प्रति सेकंड

918. वास्ट डिवाइस का हेड किस गति से घूमता है ?
(अ) 800 चक्कर प्रति मिनट (ब) 900 चक्कर प्रति मिनट
(स) 1500 चक्कर प्रति मिनट (द) 1800 चक्कर प्रति मिनट

919. इथरनेट कार्ड कितने बिट का होता है ?
(अ) 2 बिट (ब) 4 बिट
(स) 6 बिट (द) 8 बिट

920. आर्कनेट कार्ड कितने बिट का होता है ?
(अ) 8 बिट (ब) 16 बिट
(स) 32 बिट (द) 24 बिट

921. जब स्क्रीन कई स्वतंत्र क्षेत्रों में बँट जाता है तो इन क्षेत्र विशेष को क्या कहते हैं ?
(अ) विंडो (ब) डोर
(स) इंटरफेस (द) मैप

922. मेनू क्या है ?
(अ) निर्देशों की सूची (ब) विषयों की सूची

उत्तर के लिए कृपया पृष्ठ सं. 168 व 169 देखें।

(स) किताबों की सूची (द) कंप्यूटरों की सूची

923. विंडो क्या है ?

(अ) ग्राफिक यूजर इंटरफेस (ब) आइकॉन

(स) डेस्कटॉप मेटाफर (द) डायलॉग बॉक्स

924. निम्नांकित में से कौन विंडो की विशेषता नहीं है ?

(अ) मल्टि टास्किंग (ब) मेमोरी मैनेजमेंट

(स) डाटा शेयरिंग (द) सॉफ्टवेअर डिजाइन

925. निम्नांकित में से कौन विंडो का अंग नहीं है ?

(अ) कंट्रोल मेनूबॉक्स (ब) क्लाएंट एरिया

(स) होस्ट बॉक्स (द) मिनिमाइज बटन

926. शतरंज खिलाड़ी गैरी कास्परोव को पराजित करनेवाले कंप्यूटर का नाम बताएँ।

(अ) डीप ब्लू (ब) डार्क ब्लू

(स) चैलेंजर (द) विनर

927. मैसाच्यूसेट्स इंस्टीट्यूट ऑफ टेक्नोलॉजी द्वारा विकसित कृत्रिम बुद्धिमान् मशीन का क्या नाम है ?

(अ) रोबोकॉप (ब) कॉग

(स) डीप ब्लू (द) ब्लू डार्ट

928. कॉग नामक कृत्रिम बुद्धिमान् कंप्यूटर का निर्माण किसने किया ?

(अ) लेनाट (ब) मैकगिन

(स) रोड्नी ब्रुक्स (द) चैमर्स

929. डाटा पेन क्या है ?

(अ) कलमनुमा लाइन बाई लाइन स्कैनर

(ब) फ्लैट बेड स्कैनर

(स) ड्रम स्कैनर (द) उपर्युक्त में से कोई नहीं

930. इंटरनेट आधारित कंप्यूटरों के जरिए होनेवाली आपसी बातचीत कंप्यूटरी शब्दावली में क्या कहलाती है ?

(अ) टॉक (ब) चैटिंग

(स) गॉसिप (द) उपर्युक्त में से कोई नहीं

उत्तर के लिए कृपया पृष्ठ सं. 169 देखें।

931. चैट की भाषा क्या होती है ?

(अ) टेलीग्राफिक (ब) टेलीफोनिक (दूरभाषीय)

(स) तसवीरों की भाषा (द) उपर्युक्त में से कोई नहीं

932. जो फाइलें संकुचित रूप में (कंप्रेस्ड फॉर्म) होती हैं और जिन्हें बाद में खोलते वक्त फैला देते (डिकंप्रेस) हैं, वो क्या कहलाती हैं ?

(अ) जिप फाइल (ब) जूम फाइल

(स) जैप फाइल (द) उपर्युक्त में से कोई नहीं

933. निम्नांकित में से कृत्रिम बुद्धि के क्षेत्र में शोध करनेवाले प्रमुख विश्वविद्यालय की पहचान करें ?

(अ) हॉपकिंस विश्वविद्यालय (ब) बंगलौर विश्वविद्यालय

(स) येल विश्वविद्यालय (द) उस्मानिया विश्वविद्यालय

934. प्रथम 'रीयल टाइम' कंप्यूटर का क्या नाम था ?

(अ) ह्वर्ल विंड (ब) विलियम

(स) विनचेस्टर (द) विंड स्क्रीन

935. प्रथम 'रीयल टाइम' कंप्यूटर का निर्माण कहाँ हुआ था ?

(अ) इंडियन इंस्टीट्यूट ऑफ टेक्नोलॉजी

(ब) मैसाच्यूसेट्स इंस्टीट्यूट ऑफ टेक्नोलॉजी

(स) येल विश्वविद्यालय

(द) उपर्युक्त में से कोई नहीं

936. ओरेकल में प्रशिक्षण के बाद नौकरी के अवसर किस क्षेत्र में मिलते हैं ?

(अ) सॉफ्टवेअर विकास (ब) डाटा बेस एडमिनिस्ट्रेटर

(स) कस्टमर सर्विस (द) उपर्युक्त सभी में

937. इंटरनेट के क्षेत्र में रोजगार के क्या अवसर हैं ?

(अ) वेबसाइट और होमपेज डिजाइनर (ब) वेब मास्टर

(स) कंटेंट मैनेजर (द) उपर्युक्त सभी

938. मल्टिमीडिया के क्षेत्र में रोजगार के कौन-कौन से अवसर हैं ?

(अ) डिजाइनिंग (ब) विज्ञापन

(स) प्रिंट और पब्लिशिंग (द) उपर्युक्त सभी में

939. प्रथम लैपटॉप कंप्यूटर कब सामने आया ?

उत्तर के लिए कृपया पृष्ठ सं. 169 देखें।

(अ) 1980 ई.　(ब) 1981 ई.

(स) 1982 ई.　(द) 1985 ई.

940. एप्पल के माइक्रो कंप्यूटर को क्या कहा जाता है ?

(अ) पी.डी.पी.-8　(ब) पी.डी.पी.-11

(स) मैकिंटोश　(द) क्रे

941. 1 निब्बल का मान कितना होता है ?

(अ) 2 बिट　(ब) 4 बिट

(स) 6 बिट　(द) 8 बिट

942. विद्युत् स्पंदन उत्पन्न करनेवाला कलमनुमा उपकरण क्या कहलाता है ?

(अ) एंप्लीफायर　(ब) लाइट पेन

(स) लेसर　(द) मोडम

943. विभिन्न आर्किटेक्चर वाली मशीनों पर प्रोग्राम चलाने की सक्षमता कंप्यूटर शब्दावली में क्या कहलाती है ?

(अ) एबिलिटी　(ब) कॉम्पैटिबिलिटी

(स) कोबोल　(द) कर्सर

944. होम कंप्यूटर के क्षेत्र में किसके निर्माण के बाद असली सफलता मिली ?

(अ) मैकिंटोश　(ब) सिंक्लेयर ZX 80

(स) क्रे　(द) परम

945. सिंक्लेयर ZX 80 नामक होम कंप्यूटर के निर्माण का श्रेय किसको है ?

(अ) हरमन होलरिथ　(ब) लूकाच

(स) सर क्लाइव सिंक्लेयर　(द) चार्ल्स बैबेज

946. प्रथम लोकप्रिय मिनि कंप्यूटर का नाम बताएँ।

(अ) पी.डी.पी.-8　(ब) पी.डी.पी-11

(स) वैक्स 75　(द) उपर्युक्त सभी

947. सबसे सफल रहनेवाला प्रथम एप्लीकेशन सॉफ्टवेअर कौन सा था ?

(अ) MS-DOS　(ब) LOTUS 1-2-3

(स) विजिकैल्क　(द) हार्वर्ड ग्राफिक्स

948. किस पैकेज के आने के बाद एम.एस. डॉस का बाजार गरम हो गया ?

(अ) विंडोज　(ब) लोटस 1-2-3

उत्तर के लिए कृपया पृष्ठ सं. 169 देखें।

(स) हार्वर्ड ग्राफिक्स (द) कोरल ड्रॉ

949. ब्रिटेन में 'कोलोसस' नामक कंप्यूटर का निर्माण किस उद्देश्य से हुआ था?

(अ) एकाउंटिंग के लिए

(ब) गुप्त संकेत (सिक्रेट कोड) पढ़ने के लिए

(स) रेखाचित्र बनाने के लिए

(द) वैज्ञानिकों की मदद के लिए

950. संयुक्त राज्य अमेरिका में 'एनियाक' नामक कंप्यूटर का निर्माण किस उद्देश्य से हुआ था?

(अ) गूढ़ लिपि पढ़ने के लिए (ब) पेंटिंग बनाने के लिए

(स) बैलिस्टिक मिसाइल के प्रक्षेपण पथ के नियंत्रण के लिए

(द) इंजीनियरी डिजाइन के लिए

951. पिकोसेकंड का मान कितना है?

(अ) 10–12 (ब) 10–8

(स) 10–10 (द) 10–10

952. भारत का प्रथम मॉडल इ-गवर्नेंस शहर कौन सा है?

(अ) बंगलौर (ब) हैदराबाद

(स) बड़ौदा (द) पुणे

953. भारत के पहले द्विभाषिक कंप्यूटर का नाम क्या है?

(अ) परम (ब) अनुपम

(स) सिद्धार्थ (द) महावीर

954. किस 'ऑन लाइन' कहानी ने वेब पब्लिशिंग की दुनिया में मार्च 2000 में तहलका मचाया था?

(अ) राइडिंग द बुलेट (ब) लायन किंग

(स) ए पैसेज टू इंडिया (द) हैदराबाद ब्लू

955. 'राइडिंग द बुलेट' नामक ऑन लाइन कहानी के लेखक का नाम क्या है?

(अ) आर्थर सी. क्लार्क (ब) स्टीफन किंग

(स) असीमोव (द) रॉबर्ट लुडलम

उत्तर के लिए कृपया पृष्ठ सं. 169 देखें।

956. 'राइडिंग द बुलेट' नामक ऑन लाइन कहानी को पढ़ने के लिए पहले ही दिन कितने पाठकों ने इसे डाउन लोड किया?

(अ) 100 (ब) 10,000
(स) 100,000 (द) 500,000

957. 1 टेराबाइट का मान कितना होता है?

(अ) 100 गीगाबाइट (ब) 500 मेगाबाइट
(स) 1000 गीगाबाइट (द) 1000 मेगाबाइट

958. कंप्यूटर आधारित 'ज्ञानदूत' नामक सूचना सेवा मध्य प्रदेश के किस शहर में चलती है?

(अ) धार (ब) ग्वालियर
(स) मंदसौर (द) खंडवा

959. भाँति-भाँति के वेबसाइट को देखने के लिए प्रयुक्त होनेवाला सॉफ्टवेअर प्रोग्राम क्या कहलाता है?

(अ) स्क्रीन सेवर (ब) ब्राउजर
(स) कर्सर (द) माउस

960. कंप्यूटर नेटवर्कों के जरिए उपलब्ध सूचना संसाधनों का क्षेत्र क्या कहलाता है?

(अ) स्पेस (ब) साइबर स्पेस
(स) प्लेन (द) वर्चुअल प्लेन

961. साइबर स्पेस शब्द का प्रयोग पहली बार विलियम गिब्सन ने अपने उपन्यास में किया था। उस पुस्तक का क्या नाम है?

(अ) द लॉस्ट वर्ल्ड (ब) द फोर्थ एस्टेट
(स) द टेंपेस्ट (द) न्यूरोमांसर

962. नेटवर्क को अनधिकार प्रवेश करनेवाले उपयोक्ताओं से बचानेवाला प्रोग्राम क्या कहलाता है?

(अ) साइबर कॉप (ब) फायर वॉल
(स) स्क्रीन सेवर (द) उपर्युक्त में से कोई नहीं

963. इंटरनेट पर 'फ्लेमिंग' शब्द का क्या अभिप्राय है?

(अ) चिनगारी लगाना

उत्तर के लिए कृपया पृष्ठ सं. 169 देखें।

(ब) एक कला रूप

(स) गाली के लिए इस्तेमाल होनेवाला शब्द

(द) उपर्युक्त में से कोई नहीं

964. 'डिगराटी' (Digerati) शब्द किसके लिए प्रयुक्त होता है?

(अ) इंटरनेट के विद्वानों के लिए

(ब) इंटरनेट के कलाकारों के लिए

(स) इंटरनेट उपयोक्ताओं के लिए

(द) सॉफ्टवेअर इंजीनियरों के लिए

965. वेब ब्राउजर के जरिए वेब सर्वर से एक आइटम के लिए किए जानेवाले एकल निवेदन को तकनीकी भाषा में क्या कहते हैं?

(अ) रिक्वेस्ट (ब) हिट

(स) स्ट्राइक (द) उपर्युक्त सभी

966. संस्थाओं के आंतरिक सूचनाओं के आदान-प्रदान में प्रयुक्त होनेवाला कंप्यूटर नेटवर्क क्या कहलाता है, जो इंटरनेट से नहीं जुड़ा होता है, पर इंटरनेट की तरह ही काम करता है?

(अ) एक्स्ट्रानेट (ब) इंट्रानेट

(स) इंटरनेट (द) उपर्युक्त में से कोई नहीं

967. ऐसा इंट्रानेट, जिसका उपयोग संस्था के बाहर के लोग आंशिक तौर अनुमति लेकर कर सकते हैं, क्या कहलाता है?

(अ) एक्स्ट्रानेट (ब) इंट्रानेट

(स) हाइपरनेट (द) उपर्युक्त में से कोई नहीं

968. जिस साइट पर अन्य वेबसाइटों की विवरणिका और एक सर्च इंजन मौजूद होते हैं उसे क्या कहते हैं?

(अ) प्लेटफॉर्म (ब) पोर्टल

(स) गेटवे (द) उपर्युक्त में से कोई नहीं

969. मेलिंग लिस्ट के उपयोक्ताओं को अनचाहा पत्र भेजना क्या कहलाता है?

(अ) स्पैमिंग (ब) हैकिंग

(स) सर्फिंग (द) ब्राउजिंग

970. उस प्रथम भारतीय सिनेमा का नाम बताएँ जिसका संगीत इंटरनेट पर

उत्तर के लिए कृपया पृष्ठ सं. 169 देखें।

फिल्म के रिलीज होने से पहले जारी किया गया?

(अ) शोले | (ब) मुगले आजम
(स) अलैपेयूथी | (द) लगान

971. आई.बी.एम. की उस महत्त्वाकांक्षी योजना का नाम बताइए जिसके अंतर्गत अपना रखरखाव खुद करने, इनपुट के दोषों को ठीक करने और कंप्यूटर हैकरों से स्व्यं भिड़ने में सक्षम और आत्मनिर्भर कंप्यूटर बनेंगे, अर्थात् कंप्यूटर की इनसान पर निर्भरता कम-से-कम होगी।

(अ) प्रोजेक्ट इंटेलिजेंट | (ब) प्रोजेक्ट फाइटर
(स) प्रोजेक्ट एलिजा | (द) प्रोजेक्ट हरक्यूलिस

972. जिस नेटवर्क का कुछ भाग इंटरनेट से जुड़ा होता है, परंतु उसका डाटा कूटबद्ध (एन्क्रिप्टेड) रहता है, उसे क्या कहते हैं?

(अ) वाइड एरिया नेटवर्क | (ब) लोकल एरिया नेटवर्क
(स) वर्चुअल प्राइवेट नेटवर्क | (द) उपर्युक्त में से कोई नहीं

973. आई.आई.टी. और मेडिकल एवं अन्य प्रतियोगी परीक्षाओं के बारे में सलाह और जानकारी देनेवाले एक साइट की पहचान करें?

(अ) icleo.com | (ब) egurucool.com
(स) ciol.com | (द) nic.in

974. रोजगार के अवसरों के बारे में जानकारी देनेवाले साइट का नाम बताएँ।

(अ) jaldi.com | (ब) ivoice.com
(स) naukri.com | (द) hungama.com

975. शब्बीर भाटिया ने अपनी कंपनी hotmail.com को माइक्रोसॉफ्ट के हाथों कितने में बेचा था?

(अ) 40 करोड़ डालर | (ब) 80 करोड़ डालर
(स) 10 करोड़ डालर | (द) 20 करोड़ डालर

976. इ-पत्र नामक हिंदी इ-मेल सेवा कौन उपलब्ध कराता है?

(अ) naidunia.com | (ब) jagran.com
(स) india-today.com | (द) उपर्युक्त में से कोई नहीं

977. एक अच्छे सिस्टम एनलिस्ट में क्या गुण होने चाहिए?

(अ) तार्किक योग्यता | (ब) गंभीर निर्णय की क्षमता

उत्तर के लिए कृपया पृष्ठ सं. 169 देखें।

(स) पहल करने की क्षमता (द) उपर्युक्त सभी

978. जो कंप्यूटर क्लोरो-फ्लोरो कार्बन उत्सर्जित करनेवाले माहौल में नहीं निर्मित होता है और स्टैंड बाई की स्थिति में 30 वाट से भी कम बिजली खर्च करता है, उसे क्या कहा जाता है ?

(अ) हरित पर्सनल कंप्यूटर (Green P.C.)

(ब) पर्यावरण मित्र कंप्यूटर

(स) तरुमित्र

(द) उपर्युक्त में से कोई नहीं

979. ग्रीन पी.सी. दो प्रकार के होते हैं, उनके नाम क्या हैं ?

(अ) जैक और जिल (ब) अर्थ और वाटर

(स) लाइट ग्रीन और डार्क ग्रीन (द) उपर्युक्त में से कोई नहीं

980. भारत में कंप्यूटर पेशेवरों की शीर्ष संस्था का क्या नाम है ?

(अ) नेशनल इन्फॉर्मेटिक्स सेंटर

(ब) कंप्यूटर सोसाइटी ऑफ इंडिया

(स) कंप्यूटर मेंटेनेंस कंपनी (द) उपर्युक्त में से कोई नहीं

981. भारतीय इन्फोटेक उद्योग के पितामह की संज्ञा किसे दी गई है ?

(अ) अजीज प्रेमजी (ब) फकीर चंद कोहली

(स) शब्बीर भाटिया (द) नारायण मूर्ति

982. कंप्यूटर विज्ञान से संबंधित मुफ्त शिक्षा प्रदान करनेवाले साइट का क्या नाम है ?

(अ) फ्री कंप्यूटर स्कूल डॉट कॉम

(ब) कंप्यूटर एजूकेशन डॉट कॉम

(स) एजुकेयर डॉट कॉम (द) उपर्युक्त में से कोई नहीं

983. निम्नांकित में से कौन मेनफ्रेम कंप्यूटर का उदाहरण नहीं है ?

(अ) I B M-4381 (ब) N E C-500

(स) I C L-39 (द) C D C-साइबर शृंखला

984. व्यावसायिक तौर पर उपलब्ध पहला माइक्रो प्रोसेसर चिप कौन सा था ?

(अ) इंटेल-4004 (ब) इंटेल-4000

(स) इंटेल-7800 (द) इंटेल-5086

उत्तर के लिए कृपया पृष्ठ सं. 169 व 170 देखें।

985. पर्सनल कंप्यूटर के लिए प्रयुक्त होनेवाला माइक्रो प्रोसेसर चिप कौन सा था?

(अ) इंटेल-4004 (ब) इंटेल-8080

(स) हिटाची-I (द) मित्सुबिशी

986. निम्नांकित में से विजातीय को छाँटकर अलग करें।

(अ) विनचेस्टर डिस्क (ब) मैग्नेटिक डिस्क

(स) प्रिंटर (द) हार्ड डिस्क

987. निम्नांकित में से विजातीय को छाँटकर अलग करें।

(अ) विनचेस्टर डिस्क (ब) फ्लॉपी डिस्क

(स) ऑप्टिकल डिस्क (द) मैग्नेटिक टेप

988. निम्नांकित में से विजातीय को छाँटकर अलग करें।

(अ) मैग्नेटिक ड्रम (ब) ऑप्टिकल डिस्क

(स) पंच्ड पेपर टेप (द) फ्लॉपी डिस्क

989. निम्नांकित में से विजातीय को छाँटकर अलग करें।

(अ) पंच्ड कार्ड (ब) फ्लॉपी डिस्क

(स) ऑप्टिकल डिस्क (द) हार्ड डिस्क

990. सन् 1979 में गॉडफ्रे हार्सफील्ड और प्रोफेसर कॉरमैक को किस क्षेत्र में काम के लिए नोबल पुरस्कार मिला था?

(अ) शरीर विज्ञान

(ब) कंप्यूटर एक्सियल टोमोग्राफी पर शरीर विज्ञान और औषधि के लिए

(स) कंप्यूटर एडेड टेक्नोलॉजी (द) उपर्युक्त सभी

991. विश्व में 'सिलिकन वैली' की संज्ञा किस शहर को मिली है?

(अ) कैलिफोर्निया (ब) सीएटल

(स) बंगलौर (द) बर्लिन

992. पत्रकारिता के क्षेत्र में भारत में पहली बार एक इंटरनेट पत्रिका रक्षा संबंधी घोटाले का पर्दाफाश करके रातो-रात मशहूर हो गई थी। उस पत्रिका का नाम क्या है?

(अ) naidunia.com (ब) tehelka.com

उत्तर के लिए कृपया पृष्ठ सं. 170 देखें।

(स) outlook.com (द) frontline.com

993. सिम्स और कैरोल वाइडमैन ने मूक-बधिर लोगों के लिए एक ऐसा सॉफ्टवेअर बनाया है, जिसमें एंडी नामक एक पात्र कंप्यूटर की स्क्रीन पर प्रिंटेड टेक्स्ट को संकेत की भाषा (साइन लैंग्वेज) में बदलकर बताता है। इस सॉफ्टवेअर का क्या नाम है?

(अ) पेजमेकर (ब) टैली

(स) साइनिंग अवतार (द) फोटोशॉप

994. 'हर अठारह महीने की अवधि में माइक्रोचिप पर ट्रांजिस्टरों की संख्या दोगुनी हो जाएगी।' यह किसका कथन है?

(अ) फ्लैश गार्डन (ब) एलान ट्यूरिंग

(स) चार्ल्स बैबेज (द) डॉ. गोर्डन मूर

995. ब्लू जीन क्या है?

(अ) टेराफ्लॉप कंप्यूटर (ब) पेंटाफ्लॉप कंप्यूटर

(स) नीले रंग का कंप्यूटर (द) सिंप्यूटर

996. ब्लू जीन कंप्यूटर पेंटाफ्लॉप कंप्यूटर कहलाते हैं। एक पेंटाफ्लॉप कितने टेराफ्लॉप के बराबर होता है?

(अ) 100 टेराफ्लॉप (ब) 500 टेराफ्लॉप

(स) 750 टेराफ्लॉप (द) 1000 टेराफ्लॉप

997. मई 1998 में पोखरण परमाणु परीक्षण के बाद किस अनुसंधान केंद्र की कंप्यूटर प्रणाली पर पाकिस्तानी हैकरों ने हमला किया था?

(अ) भाभा परमाणु अनुसंधान केंद्र

(ब) भारतीय कृषि अनुसंधान केंद्र

(स) राष्ट्रीय भौतिकी प्रयोगशाला

(द) भारतीय अंतरिक्ष शोध संगठन

998. बंगलौर स्थित इंडियन इंस्टीट्यूट के वैज्ञानिकों ने कम पढ़े-लिखे लोगों के लिए जेब में रखनेवाला एक वैकल्पिक कंप्यूटर बनाया है, इसे क्या कहते हैं?

(अ) कैलकुलेटर (ब) सिमुलेटर

(स) सिंप्यूटर (द) मॉनीटर

उत्तर के लिए कृपया पृष्ठ सं. 170 देखें।

999. भारत की पहली ऑनलाइन लोकप्रिय विज्ञान पत्रिका का क्या नाम है ?

(अ) चकमक (ब) पिटारा

(स) कॉमकॉम (द) पराग

1000. इंटरनेट का जनक किसे माना जाता है ?

(अ) विंट सर्फ (ब) स्टैनफोर्ड

(स) बॉब खान (द) मैक

उत्तर के लिए कृपया पृष्ठ सं. 170 देखें।

उत्तर

1. (द) कंप्यूटर
2. (अ) तेज गणना करनेवाली मशीन का निर्माण
3. (स) एबैकस
4. (ब) चीन
5. (द) ईसा पूर्व 450
6. (द) जोड़ने-घटाने और किसी संख्या को बताने के लिए
7. (द) आयताकार लकड़ी का फ्रेम
8. (स) गुणा और भाग देना
9. (अ) सर जॉन नेपियर
10. (ब) 1614 ई.
11. (अ) गुणा करना और भाग देना
12. (अ) गणितज्ञ
13. (अ) तराशी गई अस्थियों से बने ग्यारह आयताकार छड़ों का एक सेट
14. (अ) 1642 ई.
15. (अ) ब्लेज पास्कल
16. (अ) टैक्स के काम में पिता की मदद के लिए
17. (अ) जर्मन गणितज्ञ गॉटफ्रीड लीबनित्ज
18. (अ) 1671 ई.
19. (अ) जोसफ जेकुआर्ड
20. (ब) एनालिटिकल इंजन
21. (ब) चार्ल्स बैबेज
22. (अ) 1833 ई.
23. (अ) डिफरेंस इंजन
24. (अ) चार्ल्स बैबेज
25. (अ) 60
26. (अ) स्टोर, अरिथमेटिक यूनिट, कंट्रोल यूनिट, इनपुट डिवाइस, आउटपुट डिवाइस
27. (ब) मेकैनिकल
28. (अ) 1820 ई.
29. (ब) डॉ. हरमन होलरिथ
30. (अ) 1887 ई.
31. (द) सेंसस मशीन
32. (अ) 1890 ई.
33. (अ) लेडी एडा लवलेस
34. (अ) मार्क-I
35. (अ) होवार्ड ऐकेन
36. (अ) 15 मीटर
37. (स) ऑटोमैटिक सिक्वेंस कंट्रोल्ड कैलकुलेटर
38. (ब) पूर्णत: स्वचालित
39. (ब) 5
40. (अ) वैक्यूम ट्यूब
41. (ब) ट्रांजिस्टर
42. (अ) पहली
43. (ब) दूसरी
44. (स) तीसरी
45. (स) चौथी

46. (द) इनमें से कोई नहीं
47. (द) आकार में बड़े और चाल में धीमे थे
48. (अ) E N I A C (इलेक्ट्रॉनिक न्यूमेरिकल इंटिग्रेटर एंड कैलकुलेटर)
49. (स) जे.पी. इकर्ट और जे.डब्ल्यू. मॉकली
50. (ब) 1946 ई.
51. (अ) 50 × 50 फीट
52. (द) वाल्व
53. (अ) 150 किलोवाट प्रति घंटा
54. (अ) 5000 जोड़ प्रति सेकंड
55. (ब) सन् 1959-64
56. (अ) ट्रांजिस्टर
57. (अ) वैक्यूम ट्यूब का 1/1200वाँ हिस्सा
58. (अ) सेमीकंडक्टर (अर्धचालक)
59. (द) सिलिकन या जर्मेनियम
60. (स) दो टर्मिनल के बीच धारा के प्रवाह को नियंत्रित करना
61. (स) सन् 1965-70
62. (अ) सन् 1946-58
63. (स) इंटिग्रेटिड सर्किट
64. (स) कैश मैमोरी
65. (द) सन् 1971-85
66. (द) माइक्रो प्रोसेसर
67. (स) एक ही चिप पर सैंकड़ों आई.सी. का एक समूह है
68. (अ) डाटा बेस मैनेजमेंट सिस्टम
69. (द) पाँचवीं
70. (द) चार
71. (अ) माइक्रो कंप्यूटर, मिनि कंप्यूटर, मेनफ्रेम कंप्यूटर और सुपर कंप्यूटर
72. (अ) पर्सनल कंप्यूटर भी कहते हैं
73. (अ) कंप्यूटर की कंप्यूटिंग शक्ति
74. (अ) 256 KB
75. (अ) एक चिप पर होता है
76. (अ) कंप्यूटर-ऑन-ए-चिप भी कहते हैं
77. (स) आकार में बड़ा और चाल में तेज होता है
78. (अ) एक
79. (अ) एक
80. (अ) अधिक भंडारण क्षमता और ज्यादा तेज रफ्तार वाले
81. (ब) सैकड़ों
82. (ब) डिजिटल
83. (अ) एनालॉग कंप्यूटर
84. (अ) एनालॉग कंप्यूटर
85. (ब) डिजिटल
86. (द) तीनों ही
87. (अ) विद्युत् स्पंदन (इलेक्ट्रिकल पल्स)
88. (स) तीन
89. (अ) 12 अगस्त, 1981
90. (द) आई.बी.एम.
91. (द) इंटरनेशनल बिजनेस मशीन
92. (अ) चिप
93. (अ) जे.एस. किल्बी
94. (द) 1958 ई.
95. (अ) एक घटक, जिस पर बड़ी मात्रा में इलेक्ट्रॉनिक परिपथ (सर्किट) बने होते हैं
96. (अ) रफ्तार और स्मरण शक्ति (मेमोरी)
97. (अ) प्रति सेकंड अधिकतम निर्देश का पालन
98. (अ) सिलिकन के एक सामान्य सेमीकंडक्टर चिप पर बने सूक्ष्म परिपथ को

99. (ब) डिजिटल कंप्यूटर
100. (द) कंप्यूटर
101. (अ) प्रोग्राम का कार्यान्वयन (एक्सक्यूशन)
102. (अ) कंप्यूटर की मदद से डाटा प्रोसेसिंग का काम
103. (स) प्रोग्राम
104. (ब) बाइनरी
105. (अ) 0 और 1
106. (ब) बाइनरी अंक
107. (ब) कंप्यूटर की सबसे छोटी इकाई
108. (द) आठ बिट
109. (द) बाइट
110. (द) आठ
111. (अ) ASCII
112. (अ) अमेरिकन स्टैंडर्ड कोड फॉर इन्फॉर्मेशन इंटरचेंज
113. (स) वर्ड
114. (अ) कंप्यूटर की वर्ड साइज
115. (अ) 1024 बाइट
116. (अ) 1024 किलोबाइट × 1024 किलोबाइट
117. (अ) 1024
118. (स) बाइट
119. (स) अरिथमेटिक लॉजिक यूनिट (ALU)
120. (अ) कंट्रोल यूनिट (CU)
121. (अ) सेंट्रल प्रोसेसिंग यूनिट (CPU)
122. (अ) सेंट्रल प्रोसेसिंग यूनिट
123. (स) MIPS
124. (ब) मिलियन इंस्ट्रक्शंस पर सेकंड
125. (स) रजिस्टर
126. (अ) विशेष मेमोरी यूनिट हैं
127. (ब) तेज होगी
128. (ब) सैकड़ों
129. (अ) 1000
130. (अ) 100,000,000
131. (अ) एक ही चिप पर संपूर्ण CPU या मेन मेमोरी का बनना संभव होना
132. (द) 1971 ई.
133. (अ) माइक्रो प्रोसेसर
134. (अ) इंटेल 4004
135. (द) इंटेल 8080
136. (ब) 8
137. (स) 134,000
138. (स) 1982 ई.
139. (द) 275,000
140. (द) 32
141. (द) अप्रैल 1989
142. (अ) मार्च 1993
143. (अ) 31 लाख से ज्यादा
144. (ब) तीन गुना
145. (द) 64
146. (अ) मैथ कोप्रोसेसर या न्यूमेरिक कोप्रोसेसर
147. (ब) गणितीय
148. (अ) न्यूमेरिक कोप्रोसेसर
149. (ब) एकुमुलेटर
150. (अ) स्टैक के पहले लोकेशन का पता रखना
151. (ब) प्रोग्राम काउंटर
152. (अ) स्टैक
153. (स) बदलती
154. (अ) उपकरण
155. (ब) मेमोरी
156. (अ) सेमीकंडक्टर डिवाइस है
157. (अ) प्राइमरी स्टोरेज सेक्शन
158. (अ) मुख्य मेमोरी में भंडारण की आधारभूत इकाई है
159. (ब) 1 बिट

160. (अ) इंटरनल प्रोसेसर मेमोरी
161. (ब) दो
162. (अ) मेन मेमोरी
163. (अ) धीमी
164. (अ) रैम (R A M)
165. (अ) रैंडम एक्सेस मेमोरी
166. (अ) मेमोरी लोकेशन
167. (ब) एक समान नहीं
168. (अ) मेन मेमोरी में संगृहीत की जा सकनेवाली सूचना की मात्रा को
169. (अ) किसी भी
170. (अ) रीड ऑनली मेमोरी
171. (अ) पढ़े
172. (अ) सिर्फ कंप्यूटर निर्माण के समय
173. (अ) प्रोग्रामेबल रॉम
174. (अ) सिर्फ कंप्यूटर निर्माण के समय
175. (ब) नहीं
176. (अ) इरेजेबल प्रॉम्स
177. (अ) इलेक्ट्रिकली इरेजेबल प्रॉम्स
178. (ब) डायनामिक मेमोरीज
179. (अ) स्टैटिक मेमोरीज
180. (अ) वोलाटाइल मेमोरी
181. (अ) नॉन वोलाटाइल मेमोरी
182. (अ) वोलाटाइल
183. (अ) वोलाटाइल
184. (ब) सांयोगिक (रैंडम)
185. (अ) डाइरेक्ट
186. (ब) सिक्वेंसियल
187. (ब) इलेक्ट्रॉनिक
188. (अ) मैग्नेटिक
189. (स) ऑप्टिकल
190. (अ) सिस्टम प्रोग्राम और डाटा फ़ाइल संग्रह करता है
191. (ब) नहीं
192. (स) धीमी
193. (स) निर्देश देने के बाद से लेकर निर्देश के पूरा होने के बीच लगा समय
194. (द) 10^{-8} सेकंड
195. (स) मेमोरी बैंक
196. (अ) बेस मेमोरी
197. (स) एक्सटेंडेड मेमोरी
198. (स) सेकेंडरी स्टोरेज मीडिया
199. (ब) सेकेंडरी मेमोरी
200. (अ) यह लचीली प्लास्टिक सामग्री की बनी होती है
201. (अ) मैग्नेटिक कोटिंग
202. (अ) आयरन ऑक्साइड रिकॉर्डिंग पदार्थ
203. (स) मैग्नेटिक स्पॉट
204. (अ) डाटा रिकॉर्डिंग
205. (स) दोनों
206. (अ) 5.25 इंच और 3.5 इंच
207. (अ) फॉरमैट होना
208. (अ) ट्रैक
209. (अ) ट्रैक पर इंच
210. (अ) फ्लॉपी की क्षमता
211. (अ) रिकॉर्डिंग के घनत्व
212. (स) तीन
213. (स) 310 KB
214. (अ) कंडक्टिंग कॉएल
215. (अ) डाटा पढ़ने और लिखने का काम
216. (अ) हार्ड डिस्क
217. (ब) नहीं
218. (स) बहुत तेज
219. (स) कई
220. (अ) उच्च शक्ति लेसर किरण
221. (स) फोटो इलेक्ट्रिक सेंसर
222. (स) ऑप्टिकल मेमोरी
223. (अ) नॉन इरेजेबल ऑप्टिकल डिस्क
224. (ब) सी डी रॉम की अनुकृति वृहत् पैमाने पर जल्द की जानी संभव है

225. (अ) राइट वंस रीड मेमोरी
226. (ब) इस पर एक बार लिखना संभव है
227. (अ) सामान्य तीव्रता वाली लेसर किरणों से
228. (स) इरेजेबल ऑप्टिकल डिस्क
229. (स) मैग्नेटो ऑप्टिकल सिस्टम
230. (ब) इस पर बार-बार मिटाकर बार-बार लिखना संभव है
231. (द) कैश मेमोरी
232. (अ) सी.पी.यू. और मुख्य मेमोरी के बीच स्थित तीव्र (फास्ट) मेमोरी
233. (ब) छोटे
234. (अ) बफर की तरह
235. (अ) एक सर्किट है, जो दो या अधिक उपकरणों के लिए संचार पथ प्रदान करता है
236. (द) बस
237. (अ) एड्रेस बस, डाटा बस, कंट्रोल बस
238. (ब) एड्रेस बस
239. (अ) डाटा बस
240. (स) कंट्रोल बस
241. (स) इलेक्ट्रो मैग्नेटिक स्पंदन के रूप में
242. (अ) अदृश्य स्पॉट
243. (अ) टेप पर मैग्नेटिक स्पॉट की पहचान कर
244. (अ) चुंबकीय पदार्थ के लेपवाला प्लास्टिक रिबन
245. (अ) इनपुट डिवाइस
246. (अ) समस्त सूचना कंप्यूटर को भेजते हैं
247. (अ) अल्फाबेटिकल 'की'
248. (स) न्यूमेरिक 'की'
249. (स) फंक्शन 'की'
250. (द) लॉजिकल 'की'
251. (ब) अर्थमेटिक साइन 'की'
252. (ब) स्पेशल 'की'
253. (अ) सॉफ्टवेअर संचालन में नियंत्रक का काम करता है
254. (अ) प्वाइंटिंग डिवाइस
255. (अ) पहलेवाली स्थिति में
256. (स) डिजाइनिंग में
257. (अ) ऑप्टिकल
258. (अ) मॉनिटर पर
259. (द) मॉनिटर
260. (अ) स्क्रीन को स्पर्श (टच) करना
261. (अ) ताँबे के तारों से
262. (अ) स्फेरिकल बॉल (गोली)
263. (अ) बोलकर
264. (द) 1994 ई.
265. (अ) इन्फॉर्मेशन कैप्चर करना और ग्राफिक फॉरमैट में स्टोर करना
266. (अ) स्कैनर ऑप्टिकल इमेज को डिजिटल इमेज में बदलता है
267. (अ) मैग्नेटिक इंक कैरेक्टर रिकोग्निशन
268. (ब) बैंक उद्योग में
269. (अ) ऑप्टिकल मार्क रिकोग्निशन
270. (अ) कंप्यूटर द्वारा पढ़े जाने योग्य कागज पर लगे निशान को पहचानता है?
271. (ब) प्रतियोगिता परीक्षाओं में उत्तर पुस्तिका जाँचने के काम में
272. (स) ऑप्टिकल कैरेक्टर रिकोग्निशन
273. (अ) कैरेक्टर की आकृति को पहचानकर
274. (ब) ऑप्टिकल बारकोड रीडर
275. (ब) आउटपुट डिवाइस
276. (अ) डिस्प्ले सिस्टम

277. (अ) अल्फा न्यूमेरिक टर्मिनल
278. (अ) डॉट
279. (अ) पिक्सेल
280. (अ) पिक्चर डिस्प्ले का सूक्ष्मतम हिस्सा
281. (स) तीन
282. (ब) कैथोड रे ट्यूब
283. (द) फासफोरस
284. (अ) इलेक्ट्रॉन गन
285. (अ) विजुअल डिस्प्ले यूनिट
286. (ब) एक वैक्यूम ट्यूब है, जो ग्राफिक से संबंधित सूचना को दरशाता है
287. (अ) जहाँ इमेज बनानी होती है इलेक्ट्रॉन बीम उसी जगह पड़ती है
288. (अ) इलेक्ट्रॉन बीम पड़ने के बाद पिक्सेल की प्रत्येक कतार ऊपर से नीचे की ओर आलोकित होती दिखती है
289. (अ) लिक्विड क्रिस्टल डिस्प्ले
290. (अ) लिक्विड क्रिस्टल
291. (अ) घड़ियों में
292. (स) सन् 1970 के दशक में
293. (अ) न्यूनतम ऊर्जा की खपत
294. (द) ओवर हेड प्रोजेक्टर
295. (अ) मॉनिटर पर डाटा दिखने को संभव बनाना
296. (अ) मोनोक्रोम डिस्प्ले एडेप्टर
297. (अ) 80 कॉलम और 25 कतार
298. (अ) क्षैतिज 720 पिक्सेल, ऊर्ध्वाधर 350 पिक्सेल
299. (ब) 4 KB रैम
300. (अ) कलर ग्राफिक्स एडेप्टर
301. (अ) यह 16 भिन्न-भिन्न रंगों को मॉनिटर पर दिखा सकता है
302. (द) 16 KB
303. (अ) हरक्यूलिस ग्राफिक्स एडेप्टर
304. (स) केविन जेकिंस
305. (द) 720 × 350 पिक्सेल
306. (द) 64 KB
307. (स) रिजोल्यूशन
308. (ब) इन्हांस्ड ग्राफिक्स एडेप्टर
309. (अ) रॉम आधारित वीडियो एडेप्टर
310. (अ) यह टेक्स्ट मोड के अलावा ग्राफिक्स मोड को भी सपोर्ट करता है
311. (ब) 16
312. (द) 256 KB
313. (द) वीडियो ग्राफिक एरे
314. (द) 640 × 480 पिक्सेल
315. (स) 1024
316. (द) 16
317. (स) मेमोरी कंट्रोलर गेट एरे
318. (ब) ग्राफिक्स
319. (द) 800 × 600 पिक्सेल
320. (अ) मॉनिटर
321. (ब) कलर और मोनोक्रोम
322. (द) प्रिंटर
323. (स) स्याही लगे रिबन का
324. (स) रासायनिक, तापीय या विद्युत् संकेत का
325. (अ) सीरियल प्रिंटर
326. (स) लाइन एंड पेज प्रिंटर
327. (ब) डॉट मैट्रिक्स प्रिंटर
328. (स) 80 कॉलम और 136 कॉलम प्रिंटर
329. (अ) 9 पिन और 24 पिन प्रिंटर
330. (ब) कैरेक्टर्स पर सेकंड
331. (अ) 40 CPS—1000 CPS
332. (ब) हेड एसेंबली
333. (अ) प्रिंटर का सेल्फ टेस्ट

334. (द) इंकजेट प्रिंटर
335. (द) 50 CPS—300 CPS
336. (स) लेसर प्रिंटर
337. (अ) 10 पृष्ठ प्रति मिनट से 200 पृष्ठ प्रति मिनट
338. (ब) नॉन इंपैक्ट प्रिंटर
339. (स) अलग-अलग किस्म के टाइप स्टाइल लोड करने के लिए
340. (ब) डाटा बफर
341. (अ) लेसर प्रिंटर बहुत कम बिजली उपयोग करता है
342. (ब) फोटोग्राफिक प्रिंटर
343. (द) 1200 D P I
344. (अ) ब्रोमाइड पेपर
345. (द) प्लॉटर
346. (स) टोनर
347. (द) इंटरफेस
348. (अ) यह प्रोसेसर और इनपुट/आउटपुट डिवाइस के बीच मध्यस्थ है
349. (अ) मेन मेमोरी और एक्सटर्नल डिवाइस के बीच डाटा की अदला-बदली को नियंत्रित करता है
350. (स) डिवाइस कंट्रोलर
351. (ब) माइक्रो कंप्यूटर
352. (अ) बफर
353. (स) पैरेलल इंटरफेस
354. (अ) सेंट्रोनिक्स
355. (ब) अनेक बिट
356. (अ) 1 बिट
357. (ब) एक्सटरनल इंटरफेस
358. (ब) सीरियल प्रिंटर
359. (ब) पैरेलल इंटरफेस
360. (अ) निर्देशों का समुच्चय (सेट्स ऑफ इंस्ट्रक्शन)
361. (स) हार्डवेअर की गणितीय और तार्किक क्षमता को संपन्न कराना
362. (अ) सिस्टम सॉफ्टवेअर और एप्लिकेशन सॉफ्टवेअर
363. (अ) क्रमवार सजे निर्देशों का एक सेट, जो प्रॉब्लम हल करने के लिए कंप्यूटर का मार्गदर्शन करता है
364. (स) प्रोग्राम लिखने की प्रक्रिया को
365. (स) कंप्यूटर की प्रोसेसिंग क्षमता को बढ़ाने, नियंत्रण करने और चलाने के लिए डिजाइन किए गए प्रोग्राम के संग्रह को
366. (अ) सिस्टम सॉफ्टवेअर का प्रयोग कर कंप्यूटर को प्रॉब्लम हल करने के लिए दिए गए निर्देशों को
367. (अ) हार्डवेअर
368. (स) कोबोल
369. (अ) बाइनरी अंकों के रूप में लिखे गए निर्देशों का एक क्रम
370. (अ) कमांड और ऑपरैंड
371. (ब) कमांड
372. (अ) ऑपरैंड
373. (अ) पहली
374. (ब) एसेंबली लैंग्वेज
375. (ब) दूसरी
376. (ब) निम्न स्तरीय (लो लेवल)
377. (अ) प्रोसेसर के आंतरिक शिल्प पर
378. (अ) एसेंबली लैंग्वेज को मशीन लैंग्वेज में बदलना
379. (अ) पहली
380. (अ) कंपाइलर
381. (अ) पूरे प्रोग्राम को पहले स्कैन करना फिर मशीन कोड में अनुवाद करना

382. (अ) प्रत्येक पंक्ति का सिंटैक्स एरर चेक करना, फिर मशीन कोड में बदलना
383. (ब) इंटरप्रेटर
384. (स) 4 जेनरेशन लैंग्वेज
385. (ब) मशीन से मुक्त (मशीन इंडिपेंडेंट)
386. (ब) उच्च स्तर
387. (अ) डाटा
388. (स) सिंगल यूजर और मल्टि यूजर
389. (अ) सिंगल यूजर
390. (ब) मल्टि यूजर
391. (अ) यूटिलिटिज
392. (ब) सिस्टम सॉफ्टवेअर निर्माण
393. (अ) एप्लिकेशन सॉफ्टवेअर निर्माण
394. (स) रिकॉर्ड
395. (स) रिकॉर्ड के समूह को
396. (अ) वैरिएबल
397. (अ) वैरिएबल
398. (ब) कॉन्स्टेंट
399. (अ) अक्षर " " में बंद होते हैं
400. (अ) इंटिगर कॉन्स्टेंट
401. (स) एरे
402. (स) एक्सप्रेशंस
403. (द) चार
404. (अ) अरिथमेटिक
405. (ब) रिलेशनल
406. (स) लॉजिकल
407. (द) फंक्शनल
408. (ब) प्रोग्राम कमांड की एकल इकाई
409. (अ) LET
410. (ब) REM
411. (ब) INPUT
412. (ब) वैरिएबल
413. (स) वैल्यू
414. (अ) RESTORE
415. (द) PRINT
416. (अ) END
417. (ब) STOP
418. (ब) सब-रूटीन
419. (अ) नियमों की शृंखला
420. (अ) बदल जाते हैं
421. (ब) सिस्टम सॉफ्टवेअर
422. (स) ऑपरेटिंग सिस्टम
423. (अ) ऑपरेटिंग सिस्टम
424. (स) इंटरफेस
425. (अ) कंप्यूटर को सहज इस्तेमाल लायक बनाना और हार्डवेअर का दक्षतापूर्ण उपयोग
426. (अ) चलते हुए प्रोग्राम और ऑपरेटिंग सिस्टम के बीच इंटरफेस का काम
427. (स) सिस्टम कॉल के समूह
428. (स) ऑपरेटिंग सिस्टम कमांड
429. (द) यदि सिनटैक्स एरर का पता चलता है तो पूरी प्रक्रिया को फिर से शुरू करने की जरूरत नहीं पड़ती है
430. (द) सारे डाटा को कंप्यूटर में फीड नहीं किया जा सकता है
431. (द) स्पूलर स्कैनिंग का काम करने में सक्षम होता है
432. (स) मल्टि प्रोग्रामिंग
433. (अ) प्रोग्राम की चलती हुई स्थिति (रनिंग स्टेट ऑफ प्रोग्राम)
434. (स) मल्टि टास्किंग
435. (ब) मल्टि यूजर
436. (स) प्रत्येक काम को समान टाइम स्लॉट दिया जाता है
437. (स) क्विक रिस्पाँस टाइम प्रदान करना
438. (अ) उच्च प्राथमिकतावाले काम को पहले संपन्न किया जाता है

439. (द) एक्सेस को नियंत्रित नहीं किया जा सकता
440. (अ) ऑपरेटिंग सिस्टम केंद्रीकृत होता है
441. (ब) यूनिक्स
442. (अ) समान
443. (स) ट्रांसलेटर
444. (अ) कम्यूनिकेशन स्पीड या रेट
445. (अ) बिट्स पर सेकंड (bps)
446. (ब) प्राइवेट लीज्ड लाइन
447. (ब) कोई भी उपभोक्ता
448. (ब) पैरेलल डाटा ट्रांसमिशन
449. (अ) सीरियल डाटा ट्रांसमिशन
450. (द) कंप्यूटर का ब्रांड
451. (ब) कम्यूनिकेशन प्रोटोकॉल
452. (द) मैटर मैनेजमेंट
453. (स) लिंक लेवल
454. (स) बाइनरी सिन्क्रोनस और हाई-लेवल डाटा लिंक कंट्रोल
455. (अ) कैरेक्टर कंट्रोल
456. (ब) बिट
457. (ब) ग्रुप में
458. (अ) एक समान
459. (अ) प्रत्येक कैरेक्टर अलग-अलग यानी एक बार में एक कैरेक्टर
460. (ब) एसिन्क्रोनस ट्रांसमिशन
461. (अ) सिंप्लेक्स
462. (ब) हाफ डुप्लेक्स
463. (स) फुल डुप्लेक्स
464. (द) फुल डुप्लेक्स
465. (ब) वाकी-टाकी
466. (ब) वर्क स्टेशन
467. (स) वर्क स्टेशन
468. (अ) नोड
469. (अ) डाटा ट्रांसफर के लिए एक नेटवर्क प्रविधि
470. (ब) परप्लेक्सर
471. (ब) मोडम
472. (अ) लाइन ड्राइवर
473. (द) 19200 bps
474. (स) मोडम
475. (अ) बॉड दर
476. (ब) डिमॉडुलेशन
477. (अ) सीरियल पोर्ट्स
478. (ब) एसिन्क्रोनस
479. (स) सिन्क्रोनस
480. (ब) एंप्लीट्यूड मॉडुलेशन
481. (अ) फ्रीक्वेंसी मॉडुलेशन
482. (स) फेज मॉडुलेशन
483. (अ) दो तारों वाली खुली लाइन
484. (ब) ट्विस्टेड पेयर केबल
485. (अ) टेलीफोन नेटवर्क
486. (ब) केबल टी.वी. नेटवर्क
487. (ब) ट्रांसमिशन लॉस
488. (अ) अनियमित प्रकाश (फ्लक्चुएटिंग लाइन)
489. (अ) प्रकाश तरंग
490. (ब) विद्युत् चुंबकीय प्रसारण
491. (ब) 1500 मेगा हर्ट्ज से कम की आवृत्तियाँ
492. (अ) 100-200 कि.मी.
493. (ब) माइक्रोवेव फ्रीक्वेंसी
494. (अ) 4-12 मेगा हर्ट्ज
495. (अ) 1000 Mbps
496. (ब) नेटवर्क
497. (स) लोकल एरिया नेटवर्क
498. (अ) 2-5 कि.मी.
499. (द) नेटवर्क से जुड़ा कोई भी उपकरण एक-दूसरे से संसूचित नहीं हो सकता है
500. (स) तीन
501. (अ) स्टार, बस और रिंग

502. (ब) स्टार
503. (अ) बस
504. (ब) रिंग
505. (स) रिंग
506. (ब) एक्सेस मेथड
507. (ब) कैरियर सेंस मल्टिपल एक्सेस विथ कोलिशन डिटेक्शन
508. (स) मल्टिपल एक्सेस
509. (अ) ट्रांसमिटिंग नोड
510. (ब) कंट्रोल टोकेन
511. (अ) टोकन पासिंग
512. (स) कम्यूनिकेशन आर्किटेक्चर
513. (ब) इंटरफेस
514. (स) प्रोटोकॉल
515. (अ) एप्लिकेशन लेयर
516. (ब) प्रेजेंटेशन लेयर
517. (ब) सेशन लेयर
518. (ब) ट्रांसपोर्ट लेयर
519. (स) नेटवर्क लेयर
520. (द) डाटालिंक लेयर
521. (ब) फिजीकल लेयर
522. (अ) नेटवर्क इंटरफेस यूनिट
523. (ब) सर्वर
524. (अ) फाइल सर्वर
525. (ब) प्रिंटर सर्वर
526. (स) मोडम सर्वर
527. (अ) वाइड एरिया नेटवर्क
528. (अ) विभिन्न भौगोलिक स्थलों को जोड़नेवाला नेटवर्क
529. (ब) लैन पर कंप्यूटर के स्वामी का पूर्ण नियंत्रण रहता है, जबकि वैन के लिए एक अन्य सत्ता—टेलीफोन कंपनी को शामिल करना होता है
530. (अ) लैन की रफ्तार वैन की रफ्तार से कम होती है
531. (ब) टेलीफोन नेटवर्क
532. (ब) मेसेज स्विचिंग
533. (अ) इलेक्ट्रॉनिक मेल
534. (ब) 128-4096 बाइट
535. (ब) वर्चुअल सर्किट
536. (अ) डाटा ग्राम
537. (ब) रूटिंग
538. (अ) रूटिंग
539. (अ) डाटा लिंक लेयर
540. (अ) समरूप
541. (स) एड्रेस फिल्टर
542. (ब) रूटर
543. (स) नेटवर्क लेयर
544. (स) गेटवे
545. (स) एप्लीकेशन लेयर
546. (अ) डाटा पैकेट को भेजने से पहले एक प्रोटोकॉल फॉरमैट से दूसरे में बदलता है
547. (ब) पब्लिक स्विच्ड टेलीफोन नेटवर्क
548. (ब) एनालॉग
549. (ब) PSTN
550. (स) पब्लिक स्विच्ड डाटा नेटवर्क
551. (द) बिना चेतावनी के रुकावट आना
552. (अ) इलेक्ट्रॉनिक डाटा इंटरचेंज
553. (अ) इंटिग्रेटिड सर्विसेज डिजिटल नेटवर्क
554. (स) ध्वनि (वॉइस), दृश्य (वीडियो) और डाटा
555. (ब) सर्किट स्विचिंग और पैकेट स्विचिंग
556. (स) ट्विस्टेड पेयर केबल
557. (स) सिंगापुर
558. (स) 1990 ई.
559. (ब) LAN
560. (ब) बस

561. (अ) रिंग
562. (स) टोकन पासिंग
563. (अ) रिंग
564. (अ) समान मोड्यूल
565. (अ) 1-100 Mbps
566. (अ) विश्वविद्यालयों के बीच
567. (अ) वाइरस
568. (अ) वाइरस स्वयं ही अपनी अनुकृति बना लेते हैं
569. (ब) बूट सेक्टर वाइरस
570. (स) डाटा फाइल वाइरस
571. (स) EXE और COM वाइरस
572. (अ) डाइरेक्टरी वाइरस
573. (अ) संक्रमित प्रोग्राम या डिस्क चलाने से
574. (ब) वर्म्स
575. (ब) ट्रोजंस
576. (ब) इलेक्ट्रॉनिक टेररिज्म
577. (ब) कोड वार्स
578. (स) 1985 ई.
579. (अ) ब्रेन वाइरस
580. (अ) किसी भी बाहरी फ्लॉपी डिस्क का प्रयोग बिना स्कैन किए करना चाहिए
581. (ब) CHKDSK
582. (ब) स्कोर्स वाइरस
583. (स) EXE और COM वाइरस
584. (ब) ब्रेन
585. (द) सिस्टम को 'हैंग' नहीं करना
586. (ब) गैर लाइसेंसी सॉफ्टवेअर का प्रयोग नुकसानदेह नहीं है
587. (ब) कंप्यूटर के पास धूल जमने से कोई परेशानी नहीं है
588. (अ) सर्वर को पास ही रखना चाहिए
589. (ब) पासवर्ड सुरक्षा
590. (अ) कूटभाषा और गूढ़लिपि की रचना और विश्लेषण
591. (स) डाटा एन्क्रिप्शन स्टैंडर्ड
592. (अ) एल्गोरिद्म और की (KEY)
593. (ब) रोनाल्ड रिवेस्ट, आदि शमीर, लियोनार्द एडलमैन
594. (ब) 1500
595. (अ) दो संख्याओं को गुणनखंड में विभक्त करने की तुलना में गुणनफल निकालना ज्यादा आसान है
596. (स) इंटरनेट
597. (द) सुपर कंप्यूटर
598. (अ) पच्चीस अरब अंकगणितीय ऑपरेशन
599. (द) गीगाफ्लॉप्स
600. (स) 10^9
601. (अ) फ्लोटिंग प्वाइंट ऑपरेशन पर सेकंड
602. (अ) फ्लोटिंग प्वाइंट ऑपरेशन
603. (स) मैंटिसा और एक्सपोनेंट
604. (द) 16
605. (स) 8
606. (द) ± 300
607. (ब) ± 99
608. (द) 100 गीगाफ्लॉप्स
609. (स) 1000 गीगाफ्लॉप्स
610. (द) 16 गीगाबाइट
611. (अ) 0.25 नैनो सेकंड प्रति बाइट
612. (ब) दो अरब जोड़े
613. (द) 5 गीगाबाइट प्रति सेकंड
614. (स) सन् 1974-75
615. (ब) सी डी सी स्टार-100
616. (अ) नॉन वॉन न्यूमैन डिजाइन
617. (ब) वेक्टर पाइपलाइन प्रोसेसिंग
618. (अ) पैरेलल प्रोसेसिंग
619. (द) डॉट मैट्रिक्स प्रिंटर

620. (अ) तार्किक इकाई
621. (स) 4-16
622. (द) दोनों कथन असत्य हैं
623. (ब) 500 MB प्रति सेकंड
624. (अ) 1024 मेगावर्ड्स
625. (द) 64 बिट
626. (ब) लगभग 2 ns
627. (अ) 0.33 ns
628. (स) क्रे, फुजित्सु, हिटाची, एन.इ.सी.
629. (ब) संयुक्त राज्य अमेरिका
630. (द) जापान
631. (स) सीमूर क्रे
632. (ब) क्रे-1
633. (स) 1980 ई.
634. (स) बेलनाकार
635. (ब) तार की लंबाई कम करना
636. (स) 20^0 C
637. (अ) ठंडा करते रहना चाहिए
638. (द) परम
639. (ब) सी-डेक (C-DAC)
640. (अ) सेंटर फॉर डेवलपमेंट ऑफ एडवांस कंप्यूटिंग
641. (स) पैरेलल प्रोसेसिंग
642. (अ) निर्देशों और डाटा की विविधता
643. (द) चार
644. (स) सिंगल इंस्ट्रक्शन सिंगल डाटा
645. (अ) सिलसिलेवार (सिक्वेंसियल)
646. (ब) सीरियल
647. (स) सिंगल इंस्ट्रक्शन मल्टिपल डाटा
648. (स) दोनों कथन सत्य हैं
649. (ब) मल्टिपल इंस्ट्रक्शन सिंगल डाटा
650. (ब) इस व्यवस्था में एक प्रोसेसर लगा होता है
651. (ब) मल्टिपल इंस्ट्रक्शन मल्टिपल डाटा
652. (अ) इस व्यवस्था में प्रोसेसरों के बीच अंत:क्रिया नहीं होती है
653. (अ) आवृत्तीय प्रक्रिया (रिपीटिटिव ऑपरेशन) में संलग्न रहते हैं
654. (ब) सिन्क्रोनस
655. (अ) ऑटोनोमस सबसिस्टम
656. (अ) डाटा के आगमन पर
657. (ब) पाइपलाइनिंग
658. (स) वेक्टर प्रोसेसर
659. (द) छपाई का काम
660. (द) सुपर कंप्यूटर में प्रोसेसिंग सीरियल होती है
661. (स) 4-20 नैनो सेकंड
662. (द) इंटरनेट
663. (अ) सूचित करने के लिए सॉफ्टवेअर उपकरणों के द्वारा प्रयुक्त होनेवाली एक स्कीम
664. (ब) इंटरनेट इंजीनियर्स टास्क फोर्स
665. (द) प्रोटोकॉल प्रामाणिकता सिद्ध नहीं कर सकते
666. (ब) ट्रांसमिशन कंट्रोल प्रोटोकॉल
667. (अ) डाटा ब्लॉक को छोटे-छोटे डाटा पैकेट में बाँट देता है
668. (स) इंटरनेट प्रोटोकॉल
669. (अ) डाटा पैकेट पर मंजिल की पता संबंधी सूचना लगाना
670. (स) इंटरनेट सर्विस प्रोवाइडर
671. (अ) उपयोक्ता को इंटरनेट लिंक प्रदान करना
672. (द) स्नेल मेल
673. (अ) T C P/I P के जरिए सूचना के आदान-प्रदान के लिए कंप्यूटरों को आवंटित संख्या
674. (स) इंटरनेट प्रोटोकॉल संख्या (I P नंबर)
675. (अ) बैकबोन सर्विस प्रोवाइडर या टेलीफोन कंपनी के द्वारा

676. (अ) एक खास तरह की सेवा प्रदान करनेवाला सॉफ्टवेअर
677. (ब) रूटर
678. (अ) गेटवे
679. (स) गेटवे
680. (द) उपग्रह
681. (स) VSAT
682. (अ) लॉगइन/एकाउंट
683. (अ) डाटा ट्रांसमिट करने की मोडम की क्षमता मापने की इकाई
684. (ब) कैरियर सिग्नल
685. (ब) लीज्ड लाइन
686. (अ) मोडम
687. (अ) डोमेन नेम सिस्टम
688. (अ) लॉगिंग के लिए इंटरनेट एकाउंटधारी का नाम
689. (अ) .com
690. (ब) .net
691. (स) .gov
692. (द) .edu
693. (ब) .mil
694. (स) .org
695. (स) .us
696. (स) .Cn
697. (ब) चार
698. (स) बाएँ से दाएँ
699. (अ) ऑक्टेक्ट (octect)
700. (द) आठ
701. (ब) इंटरनेट आर्किटेक्चर बोर्ड (IAB)
702. (अ) इंटरनेट सोसाइटी (ISOC)
703. (ब) विश्व स्तर पर सूचनाओं के आदान-प्रदान को बढ़ावा देना
704. (स) टेलीफोन, मोडम, कंप्यूटर
705. (अ) डायल इन
706. (स) इंटरनेट की सुविधा इस्तेमाल करने की अनुमति
707. (ब) सर्च इंजन
708. (ब) याहू
709. (द) कैटपाइल
710. (ब) ब्राउजर
711. (स) अ और ब दोनों
712. (अ) टेक्स्ट वनली और ग्राफिकल
713. (स) लिंक्स (LYNX)
714. (अ) वेब पेज खोलने में न्यूनतम समय लगाता है
715. (अ) मल्टि मीडिया युक्त वेब पेज दिखाना
716. (ब) फाइल डाउन लोड करने में काफी समय लेता है
717. (ब) वर्ल्ड वाइड वेब
718. (अ) ब्राउज करने की क्रिया प्रणाली
719. (ब) हाइपर टेक्स्ट मार्कअप लैंग्वेज
720. (अ) हाइपर टेक्स्ट मार्कअप लैंग्वेज
721. (स) यूनिफॉर्म रिसोर्स लोकेटर
722. (ब) यूनिफॉर्म रिसोर्स लोकेटर
723. (अ) हाइपर टेक्स्ट ट्रांसफर प्रोटोकॉल
724. (अ) ऑब्जेक्ट ओरिएंटेड प्रोग्रामिंग लैंग्वेज
725. (अ) इंटरनेट पर अच्छे ढंग से काम करने का शिष्टाचार
726. (द) इंटरनेट उपयोक्ता को
727. (अ) इंटरनेट से हार्ड डिस्क पर फाइल लाना
728. (द) आठ
729. (अ) 486 प्रोसेसर युक्त, 500 MB हार्ड डिस्क और 8 MB रैम
730. (द) 14.4 kb
731. (अ) लोकल मल्टि प्वाइंट डिस्ट्रिब्यूशन सर्विस (LMDS)
732. (द) 155 Mbps
733. (द) 28 गीगाहर्ट्ज

734. (अ) एसिन्क्रोनस ट्रांसफर मोड
735. (अ) बेस स्टेशन पास-पास होने चाहिए
736. (द) 2-5 कि.मी.
737. (ब) लो अर्थ ऑरबिट (L E O)
738. (अ) 10 मेगाबिट प्रति सेकंड
739. (स) इलेक्ट्रॉनिक मेल
740. (अ) इंटरनेट के माध्यम से संदेशों के आदान-प्रदान की एक तकनीक
741. (ब) कंप्यूटर और इंटरनेट कनेक्शन
742. (अ) इंटरनेट सर्विस प्रोवाइडर
743. (स) बाउंस्ड मेल
744. (अ) जंक मेल
745. (स) मेसेज कंपोजिशन विंडो
746. (ब) मेल बॉक्स के मेसेज विंडो में
747. (अ) गेट मेल
748. (ब) एड्रेस बुक
749. (अ) मेल रिफ्लेक्टर
750. (स) मेलिंग लिस्ट का प्रबंधन करता है
751. (अ) एरिक थॉमस
752. (स) फाइल ट्रांसफर प्रोटोकॉल
753. (स) फाइल लाइब्रेरी और आर्काइव से सूचनाएँ निकालने में
754. (अ) अप लोड और डाउन लोड
755. (अ) ग्राफिकल यूजर इंटरफेस और लाइन मोड
756. (अ) ग्राफिकल यूजर इंटरफेस F T P
757. (द) टेलीटाइप नेटवर्क
758. (स) उपर्युक्त दोनों कथन सत्य हैं
759. (ब) A R P A N E T तकनीक
760. (स) संयुक्त राज्य अमेरिका
761. (ब) संयुक्त राज्य अमेरिका का रक्षा विभाग
762. (द) 1955 ई.
763. (स) H E C—2M
764. (अ) ए.डी. बूथ
765. (अ) बायरबेक कॉलेज
766. (अ) भारतीय सांख्यिकी संस्थान
767. (अ) 1 K
768. (ब) वाल्व आधारित
769. (अ) पी.सी. महल नबीस
770. (ब) 1958 ई.
771. (ब) यूराल
772. (ब) भूतपूर्व सोवियत संघ
773. (ब) संयुक्त राष्ट्र तकनीक सहयोग
774. (स) भारतीय सांख्यिकी संस्थान
775. (द) 1964 ई.
776. (स) आई.बी.एम.
777. (अ) 1961 ई.
778. (ब) बंबई
779. (द) 1954 ई.
780. (अ) T I F R ऑटोमैटिक कैलकुलेटर
781. (अ) टाटा इंस्टीट्यूट ऑफ फंडामेंटल रिसर्च, मुंबई
782. (द) 1959 ई.
783. (अ) फरवरी 1970
784. (स) एम.जी.के. मेनन
785. (ब) 26 जून, 1970
786. (अ) कर्नल ए. बाल सुब्रह्मण्यम
787. (स) .in
788. (स) नारायण मूर्ति
789. (ब) पुणे
790. (द) 1988 ई.
791. (स) वी.एस.एन.एल.
792. (ब) 1991 ई.
793. (द) परम 8000
794. (द) परम अनंत
795. (अ) नेशनल परम सुपर कंप्यूटिंग फैसिलिटी
796. (अ) पुणे (महाराष्ट्र)
797. (अ) देवनागरी ऑप्टिकल कैरेक्टर

रिकोग्निशन (DOCR)

798. (स) तलाश

799. (स) नेशनल मल्टि मीडिया रिसोर्स सेंटर

800. (अ) NMRC पोर्टल

801. (अ) नेशनल इन्फॉर्मेशन सेंटर नेटवर्क

802. (अ) दिल्ली

803. (ब) ER net

804. (अ) वेबदुनिया.कॉम

805. (स) आंध्र प्रदेश

806. (अ) इ-लिप

807. (अ) विदेश संचार निगम लिमिटेड

808. (ब) अनुपम

809. (अ) पेस (PACE)

810. (अ) प्रोसेसर फॉर एरोडायनामिक कंप्यूटेशंस एंड इवैलूएशंस

811. (अ) नेशनल एयरोनॉटिकल लैबोरेटरी, बंगलौर

812. (ब) द्रव और वायुगतिकी की समस्याओं का हल करना

813. (अ) MK-I

814. (स) बंगलौर

815. (ब) 15 मई, 2000

816. (स) उपर्युक्त दोनों कथन सत्य हैं

817. (अ) यूनाइटेड नेशंस कमीशन ऑन इंटरनेशनल ट्रेड लॉ (UNCITRAL)

818. (अ) इंटरनेट कनेक्टिविटी की रफ्तार बढ़ाने के लिए बैंडविड्थ का विस्तार

819. (अ) पोस्टग्रेजुएट डिप्लोमा इन कंप्यूटर एप्लिकेशन

820. (अ) बैचलर इन कंप्यूटर एप्लिकेशन

821. (स) मास्टर इन कंप्यूटर एप्लिकेशन

822. (द) विनोबा भावे विश्वविद्यालय, हजारीबाग

823. (ब) त्रिवर्षीय

824. (अ) स्नातक की डिग्री और बारहवीं कक्षा तक गणित

825. (अ) इंटरमीडिएट

826. (अ) ओरेकल

827. (स) सिम (SIM)

828. (अ) एक्सपेंसन स्लॉट

829. (ब) मेमोरी बैंक

830. (अ) BIOS

831. (द) यह सॉफ्टवेअर कॉपी करता है

832. (ब) बूटिंग

833. (अ) कोल्ड बूटिंग

834. (ब) वार्म बूटिंग

835. (अ) हिडेन फाइल

836. (अ) यह एक मल्टि यूजर, मल्टि टास्किंग ऑपरेटिंग सिस्टम है

837. (स) 'C'

838. (स) बेल लैबोरेटरी

839. (अ) कॉमन बिजनेस ओरिएंटेड लैंग्वेज

840. (स) 1968 ई.

841. (ब) अमेरिकन नेशनल स्टैंडर्ड्स इंस्टीट्यूट

842. (स) 1980 ई.

843. (अ) वेन रैटलिफ

844. (अ) कर्सर

845. (ब) 1964 ई.

846. (ब) प्रो. जे.ई. कोमेनी और प्रो. पी.ई. कर्ट्ज

847. (अ) साउंड कार्ड

848. (अ) बस

849. (ब) पाल कार्ड

850. (अ) डॉटर बोर्ड

851. (ब) कॉन्स्टैंट वोल्टेज स्टेबिलाइजर (CVT)

852. (ब) DC वोल्टेज को AC वोल्टेज

में बदलता है
853. (द) 1990 ई.
854. (अ) सिंगापुर
855. (ब) मैग्नेशियम फ्लोराइड
856. (द) numtv.com
857. (स) 10-12 सेकंड
858. (अ) सिलिकन कंप्यूटर चिप्स और जैविक प्रोटीन से निर्मित चिप्स
859. (स) उपर्युक्त दोनों कथन सत्य हैं
860. (अ) परड्यू विश्वविद्यालय के वैज्ञानिकों ने
861. (स) प्रोग्रामिंग लैंग्वेज है
862. (ब) कंप्लिमेंटरी मेटल ऑक्साइड सेमीकंडक्टर
863. (स) एलान ट्यूरिंग
864. (अ) एलान ट्यूरिंग
865. (स) जीन एमडेल
866. (अ) एप्पल-I
867. (स) स्टीफन वॉजनियाक और स्टीवन जॉब्स
868. (ब) जॉन बैकस
869. (अ) बैक्टीरिया होडॉप्सिन
870. (स) 1939 ई.
871. (स) बेरी क्लिफोर्ड
872. (अ) बाइनरी ऑटोमैटिक कंप्यूटर (B I N A C)
873. (ब) बाइनरी ऑटोमैटिक कंप्यूटर
874. (ब) 1949 ई.
875. (अ) जॉन इकर्ट और मौकली
876. (ब) बिट मैप
877. (स) 1920 ई.
878. (अ) वेनेवर बुश
879. (अ) इंजीनियरिंग ड्रॉइंग सॉफ्टवेअर
880. (स) कोलोसस-I
881. (ब) साइबरनेटिक्स
882. (अ) साइबोर्ग
883. (ब) कंप्यूटराइज्ड एक्सियल टोमोग्राफी
884. (अ) बोस्टन, संयुक्त राज्य अमेरिका
885. (ब) कंप्यूटर्निक
886. (स) फीगेनबॉम
887. (ब) टॉम किलबर्न
888. (द) फिलिप्स
889. (अ) वेक्टर ग्राफिक्स
890. (ब) डिफ्लेक्शन कॉएल
891. (ब) प्रिंटर शेयरर
892. (स) रोबोटिक्स
893. (स) टर्बो स्विच
894. (अ) डोपिंग
895. (अ) कनसोल (Console)
896. (अ) डिफ्रैग (Defrag)
897. (ब) ओम
898. (अ) बैंडविड्थ कम होगी तो क्षमता बढ़ेगी
899. (स) ग्राम
900. (अ) डॉ. राज रेड्डी
901. (द) 1969 ई.
902. (अ) एडवांस्ड रिसर्च प्रोजेक्ट्स एजेंसी नेटवर्क
903. (द) 40
904. (अ) ब्रिज
905. (स) कंप्यूटर द्वारा संपन्न काररवाई
906. (स) ट्रांसीवर
907. (ब) केनेथ इ. इवर्सन
908. (स) क्लस्टर
909. (अ) फाइल लोकेशन टेबल
910. (ब) बूट सेक्टर
911. (स) पाटिशन टेबल
912. (अ) टेप
913. (स) प्लास्टिक पोलियस्टर
914. (अ) मैग्नेटिक ऑक्साइड
915. (द) नौ

916. (अ) वीडियो कैसेट रिकॉर्डर
917. (ब) 148.4 इंच प्रति सेकंड
918. (द) 1800 चक्कर प्रति मिनट
919. (द) 8 बिट
920. (ब) 16 बिट
921. (अ) विंडो
922. (अ) निर्देशों की सूची
923. (अ) ग्राफिक यूजर इंटरफेस
924. (द) सॉफ्टवेअर डिजाइन
925. (स) होस्ट बॉक्स
926. (अ) डीप ब्लू
927. (ब) कॉग
928. (स) रोड्स ब्रुक्स
929. (अ) कलमनुमा लाइन बाई लाइन स्कैनर
930. (ब) चैटिंग
931. (अ) टेलीग्राफिक
932. (अ) जिप फाइल
933. (स) येल विश्वविद्यालय
934. (अ) ह्वर्ल विंड
935. (ब) मैसाच्यूसेट्स इंस्टीट्यूट ऑफ टेक्नोलॉजी
936. (द) उपर्युक्त सभी में
937. (द) उपर्युक्त सभी
938. (द) उपर्युक्त सभी में
939. (ब) 1981 ई.
940. (स) मैकिंटोश
941. (ब) 4 बिट
942. (ब) लाइट पेन
943. (ब) कॉम्पैटिबिलिटी
944. (ब) सिंक्लेयर ZX 80
945. (स) सर क्लाइव सिंक्लेयर
946. (अ) पी.डी.पी.-8
947. (स) विजिकैल्क
948. (अ) विंडोज
949. (ब) गुप्त संकेत (सिक्रेट कोड) पढ़ने के लिए
950. (स) बैलिस्टिक मिसाइल के प्रक्षेपण पथ के नियंत्रण के लिए
951. (अ) 10-12
952. (स) बड़ौदा
953. (स) सिद्धार्थ
954. (अ) राइडिंग द बुलेट
955. (अ) आर्थर सी. क्लार्क
956. (द) 500,000
957. (स) 1000 गीगाबाइट
958. (अ) धार
959. (ब) ब्राउजर
960. (ब) साइबर स्पेस
961. (द) न्यूरोमांसर
962. (ब) फायर वॉल
963. (स) गाली के लिए इस्तेमाल होनेवाला शब्द
964. (अ) इंटरनेट के विद्वानों के लिए
965. (ब) हिट
966. (ब) इंट्रानेट
967. (अ) एक्स्ट्रानेट
968. (ब) पोर्टल
969. (अ) स्पैमिंग
970. (स) अलैपेयूथी
971. (स) प्रोजेक्ट एलिजा
972. (स) वर्चुअल प्राइवेट नेटवर्क
973. (ब) egurucool.com
974. (स) naukri.com
975. (अ) 40 करोड़ डालर
976. (अ) naidunia.com
977. (द) उपर्युक्त सभी
978. (अ) हरित पर्सनल कंप्यूटर (Green P.C.)
979. (स) लाइट ग्रीन और डार्क ग्रीन
980. (ब) कंप्यूटर सोसाइटी ऑफ इंडिया
981. (ब) फकीर चंद कोहली

982. (अ) फ्री कंप्यूटर स्कूल डॉट कॉम
983. (ब) N E C-500
984. (अ) इंटेल-4004
985. (ब) इंटेल-8080
986. (स) प्रिंटर
987. (द) मैग्नेटिक टेप
988. (स) पंच्ड पेपर टेप
989. (अ) पंच्ड कार्ड
990. (ब) कंप्यूटर एक्सियल टोमोग्राफी पर शरीर विज्ञान और औषधि के लिए
991. (अ) कैलिफोर्निया
992. (ब) tehelka.com
993. (स) साइनिंग अवतार
994. (द) डॉ. गोर्डन मूर
995. (ब) पेंटाफ्लॉप कंप्यूटर
996. (द) 1000 टेराफ्लॉप
997. (अ) भाभा परमाणु अनुसंधान केंद्र
998. (स) सिंप्यूटर
999. (स) कॉमकॉम
1000. (अ) विंट सर्फ

□□□